Écrits sur le cinéma, 1920–1937

Élie Faure

エリー・フォール映画論集 1920–1937

須藤健太郎 編訳

ソリレス書店
Sot-l'y-laisse Publishers Inc.

目次

Ⅰ　映画の発見

Ⅱ　芸術・文化・文明

Ⅲ　映画作家のかたわらで

IV　講演録から

I

映画の発見

映画造形《シネプラスティック》について[i]

1

私は演劇嫌いだと周りの人に思われている。この点に関して、私には宗教の痕跡が消えがたく刻まれているだの、先祖代々受け継いできた信仰心から、道徳に反する見世物が広く受け入れられる事態にひそかに反抗しているだのといって、非難する者もいる。たしかに一理あるかもしれない。だが考えてみるに、演劇に対する「嫌悪感」に宗教的側面があるとしても、もうはるかかなたに過ぎ去った、きっかけにすぎないだろう。むろん人間たるもの、意見の生まれるきっかけには感情が関わっている。概して人の意見には教育の直接の影響があるもので、そうでない場合はみずからの受けた教育への反抗心から、ある意見を持つにいたる。そして思考することを学ばなければ、そうした発端や由来にばかり気を取られてしまう。ところが考えることを学ぶにしたがって、われわれはいつしかはじめに抱いていた感情を根本的に変えることがある。だが私見によれば、たいていの場合は分析という手段でもって、そうした感情を抱いた自分の正当化を目指し、それを果たすことになる。こうして、秘められた高慢心を後生大事に保つことができる。精神の骨格であり、人格を形成する高慢心がそのまま保たれるわけである。

このように考えてみて、自分にとってはかなり説得力のある説明を得ることができた——私の演劇への「嫌悪感」のことである。私は演劇を好まない。ごもっとも。新作が発表されるや欠かしたことはなく、同じ演目を七回も繰り返し見ることすらあるくらいなのだ。あるいは、私は絵画を特別に好むのと同じように、演劇を好んでいるといってもかまわない。私の絵画愛は、展覧会や美術展のすべてを見に行かねばならぬとか、オープニング・パーティとあらばすかさず駆けつけ、午後四時から六時までゴミ屑と戯れ言にまみれねばならぬといった義務とは無縁である。ひょっとすると、このような事実は、私が絵画を愛していないということを意味するかもしれない。いや、それを意味するにちがいない。しかしながら私はヴェロネーゼを、レンブラントを、ゴヤを、セザンヌを、その他大勢の画家を愛している。また私が文学を軽蔑し、毎週発表される小説を読ませてくれる図書館に登録するのをやめたとしても、私はモンテーニュやパスカル、ボードレール、スタンダールが好きである。要するに、演劇への「嫌悪感」を実際に感じていることを表明してもなお、私は正直にいえばラシーヌを愛し、モリエールとシェイクスピアを好んでいる。また付け加えれば、ギリシア悲劇がその時代にあって偉大なことを成し遂げたという考えを隠すつもりもない。

演劇のために演劇を愛するという態度は、われわれの世代を知的に、そして感情的に歪めてしまった。演劇愛とは、いってみれば刺激物として機能しており、モルヒネやアルコールやタバコなどときわめて似通っている。抑えがたく、ときに悲痛な欲望といおうか、それなしでは我慢できない。この麻薬代わりのものに、傑作の名をほとんどつねに与えずにはいられない。実際、演劇愛はそこから得られる興奮の力によって、二、三日、いや六日間にもわたって待つ気にさせ、似たような麻薬をさらに求めさせる。次第に強い依存を生み出し、新たな興奮がつねに必要とされていく。誰もが演劇を愛するという病的な状況は、社会が解体されると同時に、演劇自体も解体されることの前兆なのは間違いなかろう。私は状況を確認しているのであって、非難するつもりなどないことを肝に銘じてほしい。あらゆる芸術は、それを好む趣味のおかげで成り立ちながら、趣味が一般化されることで衰えていく。あらゆる芸術は、才能が一般化することで死に絶えていく。才能が芸術を維持し洗練させるのだが、結局のところ、芸術愛好の趣味をありふれたものにしてしまうのもまた、この才能なのである。絵画と小説はかつてその死を経験した。おそらくそのような事態が再び訪れるだろう。いま、死を迎えつつあるのは演劇である。それは、三十人から四十人の劇作家が世界的名声をほしいままにし、公的栄達に比する文学的名誉に浴していること、また今日では、俳優が滑稽であろうが恐ろしかろうが、大きな重要性を担っているという事実に典型的に表れている。ジャン=ジャック・ルソーはすぐれて偉大な芸術家であったが、みずからの信仰を立て直せるような、道徳的口実をつねに探し求めていた。いまから百五十年以上も前に、演劇は道徳を解消する装置だと彼が考えていたのは、やはり正しかった[ii]。ルソーであれば、気付くのではないか。今日では人材が吐き気を催すほど増加しており、演劇人の才能にはなんら上昇が見られるわけでもないのに、演劇の重要性ばかりが膨れ上がっている。今日の演劇からその訪れがうかがえる社会の解消は、ルソーが演劇を非難していたのとは異なった意味ながら、概括的で重要な性格——私はさらに、遠くない未来における帰結を見越して、慰安的な性格と付け加えたい——を有するという点を、彼はめざとく察知したのではなかろうか。偉大な集合的スペクタクルは、たとえばギリシア演劇のように、おしなべてその潜勢力の統一と壮麗のなかに保持されており、ある美学的規律を民衆全体に植え付ける。ルソーの時代には、先行する古典時代のおかげで、そうした美学的規律にまだ勢いがあったが、ヴォルテールがそれを打ち壊した。十九世紀において、演劇は多くの作品を生み出し、完成の時を迎えた。だが十九世紀は、その見た目とは裏腹に、集合的芸術——あるいは社会的芸術といってもよい——をなにより体現する建築とは相性の合わない時代であった。フランスで、ラシーヌの死後に現れた、演劇の傑作と呼びうる一本の戯曲——一つで十分である——を誰か教えてはくれまいか。すなわち、集合的な劇《ドラマ》の建築物と見なしうるものを教えてほしい。運命と世界をめぐって誰もが共有する考え方の高みへと、すぐれて構築され様式化された考え方の高みへと群衆全体を引き上げるべく作られたものが、はたして演劇にあるだろうか。

2

お分かりだろう。結局のところ、演劇に対する「嫌悪感」について考えるうちに、みなの期待を裏切るような、こうした結論に行き着いてしまった。演劇というのは、本来、高尚な芸術の一つだと思う。いや、もっとも高尚な芸術だといっていい。その原理からいえば、演劇には偉大な芸術に備わる偉大な性格が見出される。すなわち、一種の非人称性である。構造が猛々しく剥き出しとなっており、分け隔てなくあらゆる人々に開かれ、全員から同時に見られることを前提に組み立てられている。誰もが例外なく、そこに壮大な意味を見出しうる。精神を通過するという過程を経て要約し縮約されたものではあるが、かつては宗教に認められていたような壮大な意味が見出される。つまり観客はみずからを定義するものを、喩《たと》えていえば、自分自身の感情や情念や教育や風習と、そこで得ようと欲する永遠と絶体の必要性とを繋ぐ堂々たる立派な橋を見出す。喜劇でも悲劇でも、その点に変わりはない。アイスキュロス、アリストファネス、シェイクスピア、モリエール、みな兄弟である。基本的に、意志が勝利を謳《うた》いながら意志自身へと返り咲くことで、世界に対する悲観的感情は、声高らかな勝利の笑いのうちに、あるいは神々の残酷さとの誇り高き対決のうちに現れるのである。

できるだけ時代を遡り、地上のあらゆる民族を考えてみると、いかなる時代であっても全民族が集合的スペクタクルを必要とした。それはあらゆる階級、あらゆる世代を、性別にかかわらず一つの場所に集めることができ、集まった人々の内部で道徳秩序を規定するリズムの力を高めるものである。集合的スペクタクルであればどれもまったく同様というより、むしろそれぞれ異なっていることの方が多いわけだが、いかなる地域であれ、観客が並んでそれに立ち会うという点では共通している。建築物であるかどうか、天井で覆われているかいないか、円形劇場であるか、それとも半円形で階段席が設けられているかなど、様々な違いはあるにせよ、一つの決められた場所に観客が集められ、社会階層や富の多寡に関係なく、それぞれが自分の場所から見ることができるようになっている。このような点を考えるだけでも、今日の演劇は退化したと私は思う。この種のスペクタクルは、時代や地域を問わず、造形的《プラスティック》な性格を有していた。ユダヤ人の演劇でさえ、そうである。

ユダヤ人はこの地でもっとも造形《プラスティック》から遠い民族でありながら、彼らには聖なる踊りがあって、そのもっとも輝かしい記憶として、一人目の王が最初の神秘的象徴を前にダンスを繰り広げたことを覚えている。おそらく例外なのはドイツ人で、彼らの交響楽は、あらゆる集団に必要であった共に見るという経験を、共に聞くことへと変化させた。われわれは東方《オリエント》の人々のなかに、メソポタミア人、エジプト人、クメール人、アラブ人のなかに、ダンスがあるのを認めている。そこには円座した聴衆の真ん中に物語があって、ほとんど神聖といってよいほどの国民的性格を有していた。伝説をいつまでも生み出し、笑いや涙によって人々を一つにしながら、必ず同じ円環のなかへと戻ってくる朽ち果てることのない風習に備わる特徴が認められた。千年にわたって同じ語り手が身振りを交え、朗唱し、歌を披露してきた。なるほど、古代ギリシアではスタジアムでの競技大会やとりわけ神聖な演劇において、音楽が、ダンスが、熱情的な悲劇の心理的展開がいつしか巨大化し様式化されながら、覆い隠され不変となった形態に至っていた。まさしく舞台上で形態が進化し、官能的な饗宴と精神の統制とのあいだに束の間の均衡を実現してみせた。なるほど、この地でもっとも現実的で夢見がちなところなどない民族においては、石造りの円形劇場の中央で繰り広げられる山車の競争、格闘や戦闘の競技に八万人の観衆が駆けつけていた。なるほど、キリスト教の大聖堂では、聖史劇が歌をともない具体化されて、供奉の列やミサにおける宗教的身振りのなかで展開された。単旋律聖歌《カントゥス・プラヌス》が、石造りの支柱が、ステンドグラスの色合いが、俳優と観客を同じ大気のなかに包み込み、この超自然的な大気が神秘的なやり取りに絶対性を与えていた。なるほど、ルネサンス期と古典時代においては、統一された演劇と規律化されたバレエとがあった。ところが哲学者による分析が始まり、演劇が個人主義となることによって、すべてがたちまち衰え、しまいには集合性の意味の一切が失われ、ダンスホールやサロンの扇情的で動物的な熱情へと埋没していく。

演劇の様式は失われた。いまでは個人ばかりが徘徊しており、これは芸術を否定するに等しい。その個人がいかに才能に溢れ天分に恵まれていようと、芸術を表現できる唯一の存在だと主張するなど論外である。いまや演劇は、作家を富ませる手段に成り下がった。作家は奴隷と化し、観客の感情を刺激する最新のものは何かと探り、毎週ごとに更新される最新流行を追って媚びへつらっている。流行を生み出す観客もまた、みなが一体となる大いなる感情に動かされることはなくなった。そればかりか、演劇は俳優を追い出す手段にもなっている。戯曲は俳優のために執筆され、観客の熱狂と戯曲の成功の両者を満足させる利益の前に、俳優はいまやひれ伏している。興味深い個性的な俳優であっても、みずからを取り囲む端役たちを消し去って自分ばかりが目立とうとする。戯曲が存在しているのはひとえに俳優の癖や演技、そして戯曲に備わる喜劇的ないし悲劇的な内容を暴力的に強調するためで、その他の要素はすべていかがわしい暗い影の奥へと葬り去られている。いわば、作品全体がこうした協奏曲を奏でる一つの要素に還元される。音楽は汚され、長髪を靡《なび》かせる太った美男子に、ピアノやヴァイオリンに合わせて曲芸にも似た動きを見せることを許す始末なのである。そのようなものに立ち会っていると不安に駆られて、「もう十分だ！」と叫ばずにはいられない。俳優と劇作家、俳優と観客との関係は、当選者と選挙委員会、あるいは当選者と有権者とが結ぶ麗しき関係に比するものがある。つまり演劇は、政治ときわめて似通ったスペクタクルとして盛り上がっている。両者ともに法廷を備え、同じ愛好者に支えられているわけだ。演劇芸術は、こうして〈道化〉や〈ピエロ〉のなかに避難することとなった。[1]道化やピエロは、演劇という造形的《プラスティック》な叙事詩の唯一の生き残りである。孤立し、そのためにおぞましくも見える。彼らはそれ自体で自律する役柄を想像し、組み立て、演じてみせる。彼らの行いは、一枚の絵画や一曲のソナタ、一篇の詩がそれだけですべてを成し遂げているように、全体にわたっている。道化やピエロは観客とのあいだに媒介を持たない。彼らならではの構想の力強さと彼らならではの創造する能力とを、直接、観客に刻印する。

3

ところが演劇の様式が失われたのは、演劇自身の選択によるものだったのである。演劇は芸術としての地位を得ようとした。少なくとも、二十年前なら思いもしなかったような真に新しい芸術の道具たろうとした。演劇にはまだ見ぬ可能性が秘められており、それゆえ、舞台芸術のあり方を変えるばかりか、人類が美学的かつ社会的にこうむる変容に働きかけうる。常軌を逸した予言がなされようと――私としてはこう考えているのだが――、それを凌駕する潜勢力を備えているのである。[2] これまた個人的な意見ではあるが、こうした潜勢力こそ、人々が求める普通の舞台芸術の核心だと思うことに、私はやぶさかではない。演劇は深刻でありながら、壮麗で感動的なものとなりうる。語の普遍的かつ荘厳な意味で、宗教的といってもよい。たとえば音楽が、二本の棒のあいだに弦を張り渡すことから、そう、おそらく目の見えない黄色人種か黒人種の哀れな男が指で弦をはじき、単調なリズムを奏でたことから始まったのと同様である。たとえばダンスが、うら若き少女が飛び跳ね、そのまわりで子供たちが手拍子をしたことから始まったのと同様である。たとえば演劇が、語り部が聴衆に囲まれながら、戦争や狩猟の冒険を身振りを交えて語ったことから始まったのと同様である。たとえば建築が、洞窟を整備して、その前に火を灯《とも》し、原牛の皮を張ってみせたことから始まったのと同様である。たとえば神殿に配置される壁画や彫像が、骨や象牙の破片に石器で馬や鹿をかたどったことから始まったのと同様である。

古くから伝わる風俗習慣よりも、人間の欲求や欲望は強い。ありがたいことである。映画は演劇から派生して生まれたと考えられており、この間の抜けた愚行では感情が大げさな身振りでもって表現されている。男はきまって青髭を生やして内股に構え、ナポリの船頭やらアイスランドの漁師に扮す。女は天真爛漫というにはあまりに円熟しており、空を見上げて手を合わせながら天の祝福を願い、意地の悪い富豪に迫害される孤児を見ては、民衆の助けを乞う。哀れな子供たちは愚かで穢《けが》らわしい劇《ドラマ》に汚されるがままだ。そして物語は子供をいじめる槍騎兵に激しい非難が向くよう展開する。だが、かような映画はいつしか消えてなくなっていく。映画の不滅など、ありえない話なのである。映画は演劇とともに、おのれが後追いする演劇によって滅ぼされていくだろう。されば、アメリカ大陸、万歳。アジア、万歳。新たな人民よ、万歳。死が、大洋と草原の爽やかさに加え、粗暴を、健康を、若さを、危険を、行動の自由をもたらしてくれる。死によって刷新される人民に、幸《さち》あれ。

映画と演劇にはなんの共通点もない。ただ、その外見が似ているというだけのことだ。それも、両者の見た目のなかでも、表面的で月並みな部分が似ているというにすぎない。映画には、たしかに演劇に似たところがある。しかしそれなら、ダンスとも、競技大会とも、供奉の行列とも、一人の俳優を使った集合的スペクタクルとも同じであろう。いや、映画は演劇よりもダンスや競技や行列に近いのであって、作家と観客とのあいだに一種の媒介があるという点のみが、私は違いだと考える。実際、映画では観客と作家とのあいだに三つのものが介在している。まず俳優――映画黙劇役者《シネミーム》と呼びたい[iii]――がいる。第二に、カメラがある。そして第三に、撮影技師である（ここではスクリーンのことは問題にしない。スクリーンは付随的な設備であって、演劇における舞台のように、劇場に属している）。この点を見るだけでも、映画は演劇より音楽に近い。音楽では、作曲家と観客のあいだに二つの媒介があるからである。すなわち演奏者と楽器である。そしてなにより音楽において、人は話すことがない。役者のおしゃべりこそ、演劇の本質ではないだろうか。最大の映画黙劇役者《シネミーム》であるシャルロ〔チャーリー・チャップリンのフランスでの愛称〕は、けっして口を開かない。最良の映画作品は――この点に注意せよ――画面上に費やされる耐え難き説明をほとんど必要としていないのである。

　映画では、ドラマが絶対的な沈黙のなかで展開していく。つまり単に台詞がないというばかりではない。足音も、風のそよぎも、雑踏も、囁き声も、自然の立てるあらゆる物音が欠如している。これはパントマイムなのか。いや、両者にさしたる関係はない。パントマイムでは、演劇と同じく、役の構成も演出も毎晩少なからず変化していく。そしてこの点で、パントマイムと演劇は、感情的、ひいては衝動的な性格を有する。だが映画作品の構成《コンポジション》は、それとは反対に、一度でしかと固定される。しかもいったん固定されるや、それが変わることはない。したがって映画には、造形芸術のみが備える性格が与えられているわけである。またパントマイムは、様式化された身振りを用いて感情と情念を表現し、感情も情念も本質的な身体所作へと送り返される。つまりパントマイムは、造形的《プラスティック》というより心理的芸術といえる。一方、映画はまずもって造形的である。映画はいってみれば、動く建築なのだ。おのれの周りに広がる環境や風景と永遠の調和を保ち、躍動感ある均衡を享受している。そして環境と風景に囲まれて、立ち上がり、消えていく。ここでは感情も情熱も、口実にすぎない。そこに生起する出来事に続きを与え、本当らしく見せるための口実でしかない。

「造形《プラスティック》」という言葉の意味を取り違えないでいただきたい。造形という語は一般的に、いわゆる彫刻的な、固定した、色彩に乏しい形態を思わせる。そしてただちに正統的規範やら、甲冑の英雄やらを連想させる。造形といえば、砂糖や油にまみれていたり、亜鉛やら張りぼてやらでできた寓意《アレゴリー》を想起するのが習わしとなっている。しかし造形とは、もっぱら形態を表現する術のことである。その形態が止まっているか、動いているかは問題ではない。造形とは、人類に可能なあらゆる方法でもって形態を表現する技芸である。丸彫りであれ、浅浮き彫りであれ、壁面に掘られる彫版であれ、銅版画、木版画、石版画であれ、あるいは素描であるならいかなる手法が用いられようが、絵画やフレスコ画、ひいてはダンスであっても、形態を表現することを造形という。したがって次のように断言しても、私はいささかも大胆だとは思わない。体操選手の一団によるリズミカルな運動、宗教行列や軍隊の行進が生み出すリズミカルな運動は、ジャック＝ルイ・ダヴィッドが体現する新古典派の歴史画にもまして、造形芸術の精神に触れている。映画造形《シネプラスティック》は、絵画のように、いや、むしろ絵画よりも完全なかたちで——というのも、映画造形の特徴は、持続のなかで生き生きとリズムを繰り返し刻んでいくことにあるのだから——、音楽へと日ごとにますます近づいていく。ダンスにも近づいていく。そこでは運動と韻律が解釈され、交錯し、結び合わされる。それゆえ、いくら凡庸な映画作品といえども、音楽空間のなかで展開しているという印象を受ける。

　かつて思いもかけない感情に囚われたことがあった。戦争〔第一次世界大戦〕の始まる七、八年前になるが、想像を絶するほど低俗な筋立ての映画——むろん、フランス映画だ！——を見たときのことである。未来の映画が何であるか、ふと啓示のように閃いた。いまでもはっきりと覚えている。黒い洋服と宿屋の灰色の壁とが、瞬間的に、見事な調和を生み出しているのを見たとき、私は衝撃的な震えを味わった。すると、不幸な女の身の上話には突如として関心がなくなった。恥知らずな夫を助けるために、かつて母を殺し、娘に売春させた好色な資産家に身を預けざるをえない、哀れな女性の受難など、もはやどうでもいいことだった。私は感嘆の気持ちをますます高めながら、気付きはじめた。調子が様々に関係していくのを眺めやるうちに、映画作品が黒から白へと階層付けられた明暗の度合い《ヴァルール》の体系へと、銀幕の表面上で、またその奥底で絶えず混ざり合い、動き、変化していくヴァルールの体系へと変わっていく。[3] 私は、荒々しく活発に動くものに立ち会っていた。グレコ、フランス・ハルス、レンブラント、ベラスケス、フェルメール、クールべ、マネといった画家の作品ですでに目にしたことのある人物たちが群れをなし、このたびは動きを帯びて降り立ってきた。いま私は、画家の名を思いつくままに挙げているのではない。特にクールベとマネに関しては、単なる思いつきではない。映画がまずもって想起させたのは、彼らのことであった。その後、スクリーンを用いる方法は日ごとに完成度を高めていき、私の目はこうした奇妙な作品に慣れていった。次第に、こうした当初の思い出にまた別の思い出が結びつき、映画を見て感じた新たな造形の印象を正しく把握するために、記憶に呼びかけ、親しみある絵画作品を思い起こす必要はなくなった。映画という新しい造形の印象を構成するもろもろの要素は複雑に変化しながら、途切れない運動のなかで絡まり合っていく。予期しないことが絶え間なく引き起こされる。構成《コンポジション》は動き、絶えず更新され、途絶えてはまた作り直され、消えてはまたよみがえり、崩れてはまた立ち上がる。閃光のような一瞬の空間に記念碑をそびえさせるようでありながら、次の瞬間には、移ろいゆく流れを記録する印象派となる。こうして、根本的に新しい現象が生み出されていく。そしてこの点で、映画はあるときは絵画を、あるときは彫刻を、あるときはダンスを思わせるのであって、現在の演劇に思いが及ぶことは間違ってもない。ここに開かれるのは、知られざる芸術である。そしてこの芸術は、おそらく一世紀後にはまた別の姿をとっている。手太鼓《タムタム》や笛、瓢簞《ひょうたん》の弦楽器で構成されるアフリカの楽団が演奏する楽曲と、ベートーヴェンの作曲・指揮による交響曲とが異なっているように、一世紀も経てば、違う相貌を呈することになる。私は指摘したい、ここには膨大な資源が眠っていることを。映画黙劇役者《シネミーム》の演技のほかにも多くの可能性が秘められており、環境や風景と溶け合い、穏やかさも激しさも含みつつ、要素がいたずらに動きまわり、人工照明や自然光が自由に弾けるなかを、明暗の度合い《ヴァルール》の一切が巧みに混ざり合い陰影を帯びながら、こうしたすべてと多様にして絶えず変わりゆく関係を映画が結んでいることに、すでにその端緒が現れている。私は指摘したい、リズムをあらわにするこの甚大な潜勢力を。スローモーションの緩慢な動きは、ギャロップで駆けていく馬を銅像が這い進むように見せる。走りまわる犬の筋肉の収縮は、蛇がうねり動くさまを思わせる。鳥は、薄衣《うすぎぬ》の羽をあたかも旗でもあるかのように伸ばしては縮め、折り畳んでは広げながら、空間のなかで踊っている。ボクサーは泳いでいるように見える。踊り手やスケート選手は行動する彫像であり、均衡が保たれ一貫して連続していくなかで、調和を得ては次の瞬間には失い、そしてまた再び調和を得ながら回転している。私は指摘したい、ここに開かれる新たな空間を。空中を舞う怪物がゆっくりと画面を横切り、その下にははるかな地平が広がる。河が流れ、町があり、森があって、煙が立ちのぼり、すべては見えない軸を中心に回っている。そして、そうした様相の下に、すべての様相の下には、地の持つ輝かしい顔が隠されており、奈落の底へと引き寄せられているようだ……。私は指摘したい、顕微鏡によって得られる無限の深さを持つ世界を。おそらく将来的には、望遠鏡が無限の世界を見せてくれることだろう。私は指摘したい、原子と星による比類なきダンスを。海深い暗闇がいまにも輝きだすさまを……。私は指摘したい、こうしたすべてが絶え間なく加速させる運動のなかで、量感《ヴォリューム》が実に見事に一体化していくことを。マザッチオやダ・

ヴィンチ、レンブラントでも完全には解決しえなかった壮大な問題に煩わされることもなく……。こうしていつまでも続けることができる。シェイクスピアは、ストラトフォードに住む女性の母体という狭い闇のなかに生を享けた、形なき胎児であった。

4

この芸術はまず造形的《プラスティック》であることから始まった。それは疑いようがない。映画はわれわれを、いままでさほど感知されてこなかった表現形式へと導く。そこには量感や装飾模様《アラベスク》、身振り、身体所作、関係、結びつき、対照《コントラスト》、調子の移り変わりがあって、それらすべてに生が吹き込まれ、一秒ごとに一つの断片が気付かぬうちに変化をもたらしていく。目という媒介を通じて、われわれの感性に印象を与え、知性に働きかける。これは芸術であって、断じて科学ではない。二重、いや三重の意味で芸術である。映画は構想し、構成し、創造する。そして、脚本家と演出家と撮影技師といった三人の人物を通して、画面上に書き込む。また映画黙劇役者《シネミーム》からなる集団もいる。理想的――これは十分可能である――なのは、脚本家がみずから映画を作ること。さらに好ましいのは、俳優《シネミーム》が自分を撮る撮影技師になることはできないにせよ、作品の構成と演出を担当することである。みずからの才覚によって、作品に生気を与え、輝かせるのだ。あの素晴らしいシャルロを筆頭に、幾人かのアメリカの映画役者《シネミーム》はそれをすでに実践している。脚本家——映画造形家《シネプラスト》という呼称を作るべきだろうか——には、小説家がなるべきか、それとも画家がなるべきか。映画役者《シネミーム》には、黙劇役者《ミーム》がなるべきか、それとも舞台俳優がなるべきか。シャルロはこうした問題の一切を解決する。新しい芸術には、新しい芸術家がつきものである。

私は以前にある文芸批評家が演劇は映画の犠牲になったと嘆き、その記事のなかでシャルロとリガダン〔一九一〇年代に人気を博した、シャルル・プランス演じるフランス・コメディ映画のキャラクター。マックス・ランデールと人気を二分した〕を混同しているのをただ呆然と読んだことがあった。むろんこの批評家は文学専門であるのだから、べつだん見劣りのする仕事ぶりだとはいわない。ただ彼は、映画の芸術としての価値も、映画と演劇とのあいだに必然的に存在する質の違いも、ひいては映画作品間にある差異も分からないのだ。というのも、彼には申し訳ないのだが、シャルロとリガダンとのあいだにはウィリアム・シェイクスピアとエドモン・ロスタン〔戯曲『シラノ・ド・ベルジュラック』で知られるフランスの劇作家〕とを隔てるのと同じ、いやそれ以上の隔たりがあるからである。私はシェイクスピアの名前をいたずらに出しているのではない。シェイクスピアは、たとえば『サニーサイド』（一九一九年）でシャルロが私に感じさせた神々しい酩酊の感覚と見事に呼応している。この非凡な芸術は深い愁いを帯びており、ここでは奔放な幻想が、伸縮を繰り返しながら縦横無尽に走りまわる。まるで炎のように、うねうねと蛇行するなかで燃え上がって頂きを形作りながら、そのたびに世界の精神生活の本質そのものを纏《まと》ってみせる。この神秘的な炎の明かりをかざして、われわれはおぼろげに感じ取っていく。笑いが、情け容赦ない洞察力の上に君臨しているのを。喜びとは、われわれが無なるものにそうあれかしと強いたような、確固たる永遠の感情にほかならないことを。そして妖精や小悪魔は、あるいはコローの描く風景——そこでは夢見ることに恩恵があり、苦しむ者はさらなる苦しみを味わう——のなかで踊りに耽る地の精は、心のなかに神をも抱く、ということを。

やはり、諦めるべきではないか。シャルロはアメリカからわれわれのもとへとやってきた。彼はただ、映画造形《シネプラスティック》を体現する流派のなかでももっとも真正な天才である。とりたてて咎める気はないが、アメリカ人はフランス映画を好む。道徳、つまり善いことがそこに表れているという。もっともそれなら文句はない。だがそれは、映画芸術がその本質とする、運動状態にある行動とはなんの関係もない。現に、フランス映画は、頑《かたく》なまでに観念的である。フランス映画とは、ドラクロワが闘っていた時代を例にすれば、アリ・シェフェール〔文学・宗教を題材にした古典的作風で知られる、十九世紀フランスの画家〕の絵画のようなものである。[4] アメリカ人がフランス映画を好もうと、私の確信は揺らぎようがない。フランス映画は、退廃した演劇の寄せ集めにすぎない。つまり、対処しなければ、不幸と死が待っているだろう。対して、アメリカ映画は新しい芸術である。将来の見通しは素晴らしく、輝かしい未来が約束されている。思うに、アメリカ人がフランス産の腐った商品を好むのは、よく知られるように、未開人は腐敗した芸術形式に魅了されるからだろう。アメリカ人は未開人であり、また野蛮人である。だからこそ、彼らは力と生命を映画に注入する。まさしくアメリカにおいて、映画は造形的《プラスティック》なドラマとしての完全な意義を見出した。今後もますますその意義を担っていくことだろう。激しい動きを見せる造形劇は、映画本来の運動によって持続のなかで加速させられる。映画はその持続のなかで、映画空間を、映画本来の空間を、すなわち映画を位置付け、映画に均衡をもたらし、映画にみずからの社会的かつ心理的価値を与えるものを生じさせる。新たな芸術が人類の前に姿を現すにあたって、新たな人民を選ぶのは当然のことだ。これまで真に個人的といえる芸術を知ることのなかった人民を選ぶのが、道理なのである。とりわけこの人民が、次第に複雑なものとなりながら、もろもろの運動をやむことなく生み出しては結びつけ、加速させていく機械装置を人生のあらゆる局面へと導入したのだとすれば、なおさらである。とりわけこの芸術が、伝統なき精巧な科学機器なくしては成り立たないとすれば、なおさらである。とりわけ、科学の道具とはいってみれば生来備わる器官であり、それを用いる人種と生理学的に結びついているのだとすれば、なおさらである。

事実、映画造形《シネプラスティック》は他に類をみない特性を有している。これまでそういった特色を示したのは音楽のみだが、あくまで控えめな程度にすぎなかった。その他の諸芸術と同様に映画造形《シネプラスティック》においても、芸術家の感情が芸術を作り上げるのではない。そうではなく、芸術が芸術家を作るのであり、実際これまでそうして芸術家が生み出されてきた。たとえば偉大な交響楽が、楽器の数が増え、楽器が洗練されることで少しずつ生まれてきたのは広く知られる通りである。だが映画では、さらなる事態が訪れる。というのも音楽に関していえば、一つの弦からなる楽器が発明される前から、人間は足と手を叩いて歌うことを覚えていたが、映画においては、はじめに科学があったたからである。それは科学以外のなにものでもなかった。そこに少しずつ浸透させ、次第に影響力を増加させてすべての環境を爆発させながら、科学に固有な観念に従って物事を組織できるようにするには、人類の壮大な想像力が必要とされた。周囲に散らばっている事物からまとまりのある建築物を作るには想像力が必要であり、その建築物のなかに、意志に見合ったかたちで運命が定まっていくという、つねに新しくありつづける肥沃な幻想が探し求められた。そして、新たな造形詩が生まれる。三秒もしないうちに、われわれは魅了された。木片の集まる河岸を、象が泡を立てながら進んでいく。遠くには、硝煙に包まれて進軍する騎士が見える。陰鬱な酒場には強大な影が落ちかかり、神秘的な明かりのなかで最期の時がいまにも訪れんとする。海底の薄暗い光のなか、魚が珊瑚の洞窟を泳いでいる。なるほど、たしかにその通りであり、新たな造形詩が生まれるのは、きまって思ってもみない瞬間だ。たとえば、喜劇映画でもその他のジャンルでも、動物や生まれたばかりの赤子が劇に加わるときである。彼らは単に職務をこなすというより、演技によって、喜びと悲しみによって、秘められた本能の機微によって、劇《ドラマ》に参入する。これこそ演劇には、見せることができないものではないか。風景はときに心地よく、ときに悲劇的で、ときに奇跡を思わせる。風景は動きを帯びた交響楽のなかに入り、みずからの人間的意味を増大させる。またあるときは、この動く交響楽のなかに、ドラクロワが雷雨に荒れる空を描き、ヴェロネーゼが海のように広がる銀色を描いたような仕方で、風景自身に備わる超自然的な意味を導き入れる。すでに述べたように、アメリカ人は正確かつ確実に、そして本能的に、空間と運動と行動への愛に身を任せながら、視覚的想像力を高めねばならぬ意味を理解していた。イタリア人は、圧倒的な生の魅力に目覚め、自国の古典作品のことを忘れるだけで十分である。そうするだけで、身体所作と美術装置の素晴らしさ——テキサスやコロラドの光に似た素晴らしい光に部分的には負うわけだが——のなかに、アメリカとは異なる、独創的な流派の諸要素を見出すことができよう。さほど乱雑でも、さほど簡素でもない。それでいて、アメリカ人よりも巧みな構成《コンポジション》の質を備える。イタリア映画の群衆や歴史劇の見せ方には、目を見張るものがある。宮殿や庭園や廃墟といった不動の美術装置を背景に、イタリアにつきものの波乱万丈の人生が展開していく。さらに、場違いな印象を与えることも、時代錯誤に陥ることもない点で抜きん出ている。群衆に、身振りをともなった物語。それも、適切な身振りである。イタリアの演技は、演劇的といわれた。だが、それは誤りだ。イタリアの演技は、正真正銘の本物である。ジョットの描く人物は喜劇を演じない。ボローニャ派の画家が喜劇を描くのは、まさしく彼らがイタリアの真の天才ではもはやなかったからである。ボローニャ派以前に活躍したイタリア絵画の巨匠たちと比べれば、レンブラントも四十五歳になるまでは随分と演劇的であり、ルーベンスもそうだった……。イタリアのエネルギーのみが、イタリア派に力を与える。かくしてイタリア映画は、アメリカ人が得意とする新たな芸術を横に見ながら、未来が待ち望む一つの形態が誕生しつつあるなかで、ヨーロッパにおける造形の才能を維持していくことができる。[5]

いずれにせよ、映画造形《シネプラスティック》というアメリカ的発想——イタリアはだいぶ近いのだが、いやはや、フランスはほど遠い！――が勝利を収めているのは、主題など単なる口実にすぎないことの証しだと思われる。感情に沿って組み立てられる筋書きは、その映画作品が表現する、自律した有機体の骨組み以上であってはならない。物語の筋は、装飾模様《アラベスク》が空間を動きまわって絵画を整えるように、造形劇が流れていくなかを蛇のごとくに這いまわらなければなるまい。物語の顛末は、精神的および心理的な装飾が強ければ強いほど、簡素であれば簡素であるほど、論理的一貫性が整えられていればいるほど、感動的なものとなるのはいたって明らかである。しかし単にそれだけのことなのだ。表現や効果といったものは、なお、造形の領域に、そしておそらくは音楽の領域に属する。その価値をあらわにし、増大させるためにのみ、感情に沿った筋立てが必要とされる。

5

夢想してみるべきだろうか。はるかな未来において、映画黙劇《シネミーム》役者が消え去ることを、消えるまでいかなくとも専門化することを、そして時間のなかで加速する形態のドラマにおいて映画造形家《シネプラスト》の絶体支配がやってくることを。その前に、途方もない事実を一つ指摘しておきたい。まだあまり知られていないはずである。少なくとも、その事実がいかなる詩的結果を招いたかは十分に強調されてこなかった。

映画は空間に時間を組み入れた。いや、この言い方では足りない。時間は、映画によって、実際に空間の一次元となったのである。たとえば馬が疾駆し、砂埃を立ててから千年が経ってなお、土埃が舞い上がって広がり、消えていくさまを見ることができる。タバコの煙が凝縮し、次いで中空へと消えていくさまを、目の前にある空間に見ることができる。また、望遠鏡の力を借りて地球を見ることができる人々が遠い星に住んでいるとすれば、彼らが実際にイエスの同時代人でありうることが、われわれは理解できるだろう。彼らは、私がまさに本稿を執筆しているいま、イエスが十字架に架けられるのを目撃し、それをおそらく写真や映画に撮っている。こちらの光が向こうに届くには千九百年から二千年の時間を要するからである。さらにこう想像してみることもできる。持続という観念に多大な変化をもたらしうる想像である。彼らの撮った映画が砲弾のようなものでこちらへと運ばれてくるか、もしくは惑星間を飛び越える上映装置によって地球のスクリーンに投影されるかなどすれば、その映像をいつか見ることになるかもしれない。科学的には不可能ではない。われわれは十世紀前、百世紀前の出来事の同時代人になりうる。いま身を置いている空間のなかで、過去が同時代となるわけである。われわれはすでに時間というものから、空間という有機体のなかで重要な役割を占める器官を作り上げてきた。時間の継起的量感は途切れることなく目の前で押し広げられ、時間が二次元に広がるさまも、奥行きをともなって三次元に広がるさまも把握することが可能となった。それればかりか、そこには造形《プラスティック》なるものから得られる知られざる喜びがあった。知るかぎりでもっとも美しい映画作品を、いつでもよいから無気力な静止画となったところで止めてみたまえ。すると、その美しい作品がもたらしたであろう感情の記憶すら得られない。時間はわれわれにとって必須のものとなる。時間は、対象をめぐる観念にますます加わっていき、この対象に関する観念は日毎に躍動感を増していく。時間は好きなように扱いうる。早めることができる。遅くすることができる。消去することができる。私はいま言葉を紡ぎながら、時間を自分の一部と感じている。時間は空間と互いに測り合いながら、空間とともに脳の襞のあいだに生きたまま閉じ込められているように感じる。なるほどホメロスは、私の同時代人である。いま私の目の前で電気スタンドが机上に存在しているように、私と彼は同時代を生きている。ホメロスは、電気スタンドが私の前に現れるとき、それを包み込む映像《イマージュ》の練り上げにかつて関わり、いまも関わっているのだ。時間という概念が空間という概念の構成要素となることで、映画造形《シネプラスティック》という芸術が花開くのをまざまざと思い描けるようになる。映画造形はいまや、単なる理想の建築ではない。繰り返しになるが、映画俳優《シネミーム》は消えていく。なぜなら偉大な芸術家であれば、誰の力も借りずに一人で建築物を築き上げることができるからである。ひとりでに出来上がって、ひとりでに崩れ去り、またひとりでに出来上がる、こうした建築物が調子と起伏とが感じ取れないほどわずかに変化していくことによって、築き上げられていく。だが調子と起伏の変化それ自体が、流れゆく時間におけるあらゆる瞬間に、建築となっている。われわれが一〇〇〇分の一秒単位での移り変わりに気付くことはない。

私はかつて、自然現象で似たようなものを見たことがある。あれは一九〇六年のこと、ナポリでヴェスヴィオ山が噴火するのを見たのだった。噴火口から迫り上がるマグマは二千メートルに達し、丸みを帯びていて、空からはっきりと切り離され浮き上がって見えた。マグマの内部で多量の灰が休みなく生み出されては消えていくなかで、大きな球体はその形を変え、その表面には、揺れ動いて変化を繰り返しながら、それでいて一定した動きが与えられていた。あたかも中心に引力があって、それに従っているかのようであった。大きな塊《かたまり》が形作られるなかで、その形態や大きさを変える何かがあるわけではなかった。私はとっさに、惑星が誕生する法則を摑んだと思った。惑星が生まれ、重力によって太陽のまわりに配置された、そのからくりが分かった気がした。また同時に、かの壮大な芸術の形態的象徴を見たと思った。いま胎動している芸術、おそらく未来を保障してくれる芸術の形態的象徴を、そこに見たのだ。動きを帯びた大きな構築物が、みずからの内部に備える力だけで、目の前でひとりでに生死を繰り返している。その構築に関わるのは、人類やら動物やら植物やら無機物やら、無数の形態である。しかし、多くの人がその構築に力を注ぐ場合もあれば、一人の人物のみが力を有し、たった一人でそれを成し遂げる場合もある。

最後の点について、説明を加えたい。アニメーションのことはご存じと思う。いまはまだ貧弱で、乾いてこわばったものが上映されている。それは私が想像するものと比べれば、子供が黒板にチョークで描いた落書きであって、ティントレットやレンブラントの絵画とは比較にならない。いま仮に、三、四世代にわたって、映像を立体的に動かすという問題に取り組むと想定してみよう。表面と線ではなく、奥行きと量感によって映像に生気を吹き込み、明暗の度合い《ヴァルール》と淡い色調によって、途切れることのない運動の流れに形を与える。長い修練を積めば、これも少しずつ習慣となり、反射的に行えるようになるだろう。そして芸術家の意のままに扱われるようになって、劇《ドラマ》が、田園詩が、喜劇が、さらには光や影のなかで展開する叙事詩が、森や都市や砂漠を舞台にする叙事詩が、こうして作られることになる。いま仮に、ドラクロワの心を持ち、ルーベンスの技倆を備え、ゴヤの情熱を抱き、ミケランジェロの力を発揮しうる芸術家がいると想像してほしい。彼ならスクリーン上に、自分自身の内側から溢れでる映画造形的《シネプラスティック》な悲劇を投影することであろう。一種の視覚交響楽ともいいうる彼の作品は豊穣かつ複雑であり、時間のなかで強められることで無限と絶対への道を開いていく。そこには神秘が待ち受けていて興奮をもたらし、また、そこには感覚にとっての現実があり、偉大な音楽家による交響楽に比肩しうる感動が生み出されていくことだろう。

これは、はるかな未来の話である。いまはまだ夢物語にちがいない。映画造形家《シネプラスト》はまだ背後の影に隠れたままだ。だが、魅力的な映画黙劇役者《シネミーム》は何人もおり、少なくとも一人は天才である。われわれが待ち望む集合的スペクタクルは必ずや実現するだろう。さらば、聖なる舞踏よ。さらば、哲学的悲劇よ。さらば、宗教的神秘よ。喜びのなかで交わらんとする群衆をかつて集めてみせた、すべての偉大なものも死に絶え、集合的スペクタクルがその代わりとなるだろう。群衆のなかに喜びを解きはなちにやってきたのは、以前は詩人と舞踏家による勝利を謳う悲観主義であった。もっとも、私は預言者ではない。想像力によって作り出されるこの素晴らしきものが、百年後にどうなっているかなど予想もつかない。しかしながら、生きとし生けるもののなかで唯一この先に希望がないことを知る特権に恵まれつつ、同時に、あたかも永遠を占有する力能を持っているかのように生き、思考することのできる唯一の存在が、想像力によってかくのごとき素晴らしい芸術を生み出した。私はすでに、こうした芸術がこの後ほどなくしてどうなるか、分かる気がする。ただし、演劇的手法でもって、不快で感傷的な物語《フィクション》に沿うがままになるのではなく、造形的《プラスティック》な手法でもって、それぞれの美徳を見出しうるような、官能的かつ情念的な行動《アクション》のまわりに結集することが条件である。世界のいかなる地域でも、個人主義の行き過ぎによって無政府主義的な衝動と化した文明から抜け出したいと、われわれは考えている。そして、造形的《プラスティック》な文明に達したい、と。造形的文明はおそらく、魂の状態とその危機をめぐる分析的研究を投げ捨て、行動する群衆をまとめる詩篇を謳いあげることになるだろう。私は、建築がその主要な表現になっていくと思う。いかように見えるかはにわかに定義しがたいが、産業生産による船舶や列車、自動車、航空機のように見え、港や広場や浮き橋や丸天井が、その避難所と中継地となっていくのかもしれない。おそらく映画造形《シネプラスティック》はそこで、誰もが探し求める精神的装飾となることだろう——それは、信用と調和と団結の必要性を群衆のなかで高めるのにもっとも有用な社会的遊技なのである。

（一九二〇年）

原注

1　ジャック・コポーの試みは例外的なものにすぎない。むしろ、このような傾向が定まってしまったことを裏付け、演劇の退廃を残酷な光でもって逆に照らし出している［コポーはフランス現代演劇の開拓者として知られる。一九一三年、ヴィユ＝コロンビエ座を立ち上げた――訳者］。

2　本稿を執筆してからも、各国で作られる映画に改善は見られないようだ。映画は連載小説の影響を深刻に受け、卑しいメロドラマへと成り果てた。私はいまでも映画を信じている。だが、映画はその他の芸術と同様に、世界中で猛威をふるう政治的・社会的な混沌の犠牲者なのである。刷新された社会において、私がそうあれと変わらず願っているように、映画は群衆の芸術となっていくだろうか。みなが一体となる、力強い交感《コミユニオン》の中心となり、心を高めんとする美学的目的に向かって情熱が利用され、情熱がざわめき立つその渦中から交響楽的形態が生まれてくるのだろうか。あるいは、民主的な社会が生み出す風習がこれからも続くとして、映画はその他の芸術形式のように専門化していくのだろうか。難解で心地よい調べを一部の玄人に向けて送り届けようなどという狂った感情を抱く群衆の欲望を、はたして満たしていくべきなのか。私が望んでいるのは、そのようなことではない。映画が必要としているのも、その他の芸術と同じなのだ。映画はみずからを生まれ変わらせるために――映画はまだ生まれたばかりなのだから、ほかとは違って、本当に美学的な段階へとまず達するために、ということだ――、生き生きとした幻想に囚われた有象無象が必要とするもののなかに、深く浸らなければならない。

3　ここでついでに一つお願いをしてもいいだろうか。コンサート・ホールで私語が禁じられているように、映画館では喫煙を禁じてはいただけまいか。一時間もすると煙が充満するため、美しい作品でもその透明さを失い、調子の質も関係も台無しになってしまう。

4　本稿の執筆時、フランスにも純粋に映画的な意味で興味深い試みが見られた。その後も数々現れている。なかでもマルセル・レルビエ、アンリ・クラウス、ルイ・デリュックの作品は特筆に値する。

5　近年のスウェーデン映画は興味深い作品をいくつも生み出している。ただ私の趣味からすると、いささかこれ見よがしなところが目に付く。ドイツ映画は『カリガリ博士』(ロベルト・ヴィーネ監督、一九一九年)でもって未開拓の領域に乗り出した。多くの成果が期待できるだろう。一方、イタリア映画はどうやら退行の時期にあるようだ。

訳注

i 『ラ・グランド・ルヴュ』第一〇四巻十一号(一九二〇年十一月)。フォールはこれ以前も映画に触れることはあったが、本稿が映画を正面から全面的に論じたおそらく最初の長文論考である。その後、『エデンの樹』(ジョルジュ・クレス社、一九二二年)に収録された。著者による原注は、『エデンの樹』への所収にあたって加えられたものである。

ii 一七五八年に出版された『演劇について——ダランベールへの手紙』(今野一雄訳、岩波文庫、一九七九年)における演劇批判が念頭にある。ジャン=ジャック・ルソーは、ダランベールによる『百科全書』中の項目「ジュネーヴ」に反応し、同書を発表した。

iii 「シネミーム」とは、「シネマ(cinéma)」と「ミーム(mime)」を組み合わせた造語。仏語では、黙劇(パントマイム)をパントミームといい、パントマイムを演じる役者をミームという。

II

芸術・文化・文明

機械主義の美学[i]

1

誰もがいくらか物事を知ったつもりでいる。誰かから話を聞いたのかもしれぬし、誰かが本を読んで聞かせてくれたのかもしれぬ。良識から悟った場合もあるだろう。しかしながら、血《ち》腥《なまぐさ》い存在が心を締め付けにかかるのを目と手で感じたのでないかぎり、何も知ったことにはならない。たとえば、愛である。たとえば、戦争である。たとえば、子供の誕生と死である。

私はある工場を訪れた。つい、知ったつもりでいた。『ジェルミナール』〔エミール・ゾラの一八八五年の小説。炭鉱労働者のストライキを描く〕を読んでいたから。ラスキンを読んでいたから。ピエール・アンの本を読んでいたから。大型駅や大型の船渠《せんきょ》に立ち寄ったこともある。船倉の奥にいる船員を垣間見たこともある。しかしあの工場を訪れるまで、何も知らなかったに等しい。もう何年も前のことだ。他人《ひと》の話を聞いて、「機械化」の醜さやおぞましさを分かった気でいた。人間味がなく、冷淡で、無感覚な道具が、頭や腕や拳でもって、心を延長する生命ある道具に取って代わった。私は頭皮の剥がされた頭蓋骨を見たことがある。内蔵の取られた腹部も、塵芥《ちりあくた》に焼かれた肺も、炎に焼かれ水分を失った目も、鉛で麻痺し干からびた手も、梅毒に侵されひび割れた唇も見ていた。だが私は、この工場を訪れたことはなかった。退屈を「見た」経験は初めてだった。私は退屈を見たのだ。立ち寄ってみて驚いたのは、好きなときに外から来てまた戻っていく者に対して、悪意ある視線が投げかけられていることだ。昨日は、男性、女性――そして子供まで！――が、十時間、いや十二時間をそこで過ごしていた。七秒ごとに同じボルトを同じ穴に入れつづけ、七分ごとに同じ油を同じ箇所に差しつづけ、十五分ごとに同じ石炭を同じ竈《かまど》のなかに投げ入れていた。今日は、それが八時間続いていた。六時間でも、長すぎる。かつては何に喜びを感じていただろうか。日の出から日没まで降り注ぐ光を浴びながら、コナラの木材を使って葡萄《ぶどう》を一房もぎ取っていた。あるいは、夜を徹して、事務所の隅で節々が痛むほどに体を折り曲げながら、紙片を記号やら心からほとばしり出る炎やらで埋め尽くしていた。かつては、創作につきものの陶然たる疲れから喜びを得ていたのではなかったか。それは、知性の尊さをまばゆいばかりに伝えていた。この種の労働に従事する者、もしくはこの種の労働に従事する者の魂にいったん入り込んだ者であれば、理解できるだろう。労働者が反旗を翻すのは、労働に反対してではなく、労働の不在に反対してのことである。それは退屈への反対なのである。労働者の給料を上げたところで、何になろう。給料を経営者の利潤に合わせても、報酬を必要性と労力とに釣り合わせても、同じことだ。労働者側にとっても、経営者側にとっても、退屈が居座りつづけるかぎり、均衡は訪れない。睡眠時間を八時間欲したのは、退屈から逃れるための八時間を欲したということなのか。退屈は低下し、痴呆と化するのか。退屈を恥じるのか。空虚な内的生活が陰気な光景を見せるなら、存在は退廃し、怒りが芽生え、反抗心が生じ、殺戮と破壊とを社会的に正当化することに繋がるのではないか。「労働者階級」が手仕事という、人間に気品をもたらす仕事を行う人々の集合であることをやめ、呪われた集団となり、まさにこの仕事によって気品が奪われるのは、おぞましい現象である。このような集団が大きくなってしまうとは、なんたることだろう。富裕層においても、それは広がっている。機械は農民をも襲撃した。いまや、種をまき畑を耕すにも、手を使わない。収穫した葡萄を足で踏みつけることもなくなった。機械が作り出す必要性や、機械が作り出す工程――自動車や汽車のように、道に咲くアザミだの、路上で手に入れるパンだのには見向きもせず、ひたすら目的に邁進するもの、写真、コンパス、あらかじめ準備された絵の具など――は、「知的労働者」でさえも、売春婦に変えてしまう。娼婦たちは、午後十四時から午前三時まで、もっとも横暴で限度を超えた刹那を満足させるために、愛のない作業に勤しむのである。ぜひ、刮目していただきたい。「労働者階級」は、職業上の価値から見ると日毎に失っているものを、社会的重要性という面で毎日得ているのだ。おぞましい現象である。だがそれが、神々しくなることもある。知性と富が支配する時代にあって、英雄の条件を転覆し、奴隷の高貴さを訴えた聖パウロの登場と同様の革命はあっただろうか。信じがたき誤解ではないか！　ほとんどすべての人が、機械のことを「進歩」と思っている。ところが、進歩は知のなかにしか存在せず、知とは、愛を休むことなく深まらせることにほかならない。そして機械とは、愛を殺すものである。できるなら、このような考えとは縁を切るべきだ。劇《ドラマ》によるのではない方法で、ここから抜け出すのだ。ドラマは愛を作り直しうる唯一のものだが、その方法には流血をともなう。いつの世もさして違いはない。反抗と退屈から出てくるのは、つねに新しい神秘主義である。あらゆる文明は科学の上に築かれ、自分の手を使って働く者の喜びに基づいている。手を使う者は、いまでは無知と悲しみしかもたらすことができず、野蛮と信仰の大きなうねりによって文明が更新されることを強く求めている。

2

私は多くの者がすでに行っていたように、比較してみた。今日の単純労働者——われわれはほとんどすべての人が単純労働者になった——と、科学が誕生し、産業に適用されてからほどない時代に行われていた手仕事とを。両者のあいだには、自分の仕事を愛する者とそれを愛さない者とを隔てる、底なしの深淵が穿《うが》たれている。十八世紀の無神論労働者は、二十世紀の無神論労働者よりも、十三世紀のキリスト教労働者の方によほど近いくらいである。こういった事実に思いを馳せた者はいるだろうが、もしそう考えたことがあるというなら、さらにここまで考えてみたかどうかうかがいたい。二十世紀の労働者とは、われわれすべてのことであり——いや、さすがにわれわれすべてとはいかないかもしれない。それが救いである——、そして二十世紀の労働者は十八世紀の労働者からいくらかけ離れた存在だとしても、十八世紀の労働者と同じ政治的・社会的・哲学的な諸観念に従って生きている。人間は、自由、平等、民主主義、正義、進歩を無限に享受するという考えである。だがいまや橋は崩壊しており、われわれはその壊れた橋を通ってあの深淵を越えようとしている。かつて大聖堂《カテドラル》の建設を実現した者たち、エクサンプロヴァンスやボルドーの建築家、大トリアノン宮殿やルイ十五世広場〔十八世紀末より、現在の名称「コンコルド広場」で呼ばれる〕の設計者らにとって、橋は堅固で、そこには密度も連続性も備わっていた。われわれの諸観念が変わったのは、橋桁《はしげた》を踏みしめるわれわれの歩みが明らかにしていく風景や出来事をよりよく理解し、味わうためにほかならない。橋桁がすでに古びているのが確認できれば、糾弾すべきはフランス大革命ということになる。だが、それは間違いである。橋を朽ちさせ、その下に広がる深淵を感知させたのは、科学である。十八世紀という時代に始まったことだが、もっとも常軌を逸した予測さえはるかに越える結果をもたらした。十八世紀の流儀で世界を解釈することはもはや不可能であり、キリスト教による世界解釈、あるいは異教による世界解釈、あるいは物神崇拝《フェティシスム》による世界解釈が無理なのと同様である。それは、人類を母の胎内に戻そうとするに等しい。科学は世界を作り出し、その世界は百年前から刻々と変化を遂げた。世界は百年前にも、そのもっとも遠い始まりからみればすでに異なる姿をとっていたが、百年前から現在にいたって、さらなる変化が生じている。科学を破壊することができないのなら、利用するまでである。

いまでは、社会のイデオロギーの枠組みが、科学やその適用を取り囲むことはなくなった。科学とその適用が精神や必要性や風習にもたらす大転換もまた、社会のイデオロギーに規定されなくなった。これが事実である。恐ろしいことだ。こうした混乱にあっても、人間が人間のままにとどまり、性器も胃腸も魂も同じままなのは、いうまでもない。だが人間がこの混沌を整えねばならぬのは、自分自身でありつづけ、おのれの性器や胃腸や魂が発する疑問と要求に答えるためなのである。さもなくば、科学は文明を高めるどころか、それを破壊することになるだろう。私が思うには、こうした大惨事はなんら新しいものではなく、われわれの発展が従う法則にも反していない。文明は、その精神において持続していても、その形態においては切断される。文明が思い描く道具は、いかなるものであれ、その習慣を損ねかねず、ときにはそのリズムを乱してしまう。しかし、文明はおのれの道具によって存続する。むろん、その道具の使い方を知っている必要はあるが。

科学以前、少なくともわれわれが科学と呼ぶものが現れる前のことを考えてみよう。科学の登場とは、いいかえれば、ほかは一切認めぬという断固たる手段が採用された瞬間を指す。その手段は徐々に近似を求めるもので、近似法が集合し連続することで、物質の世界における連続性と恒常性の法則の数多くをわれわれに定めさせるにいたり、また加えて、そこから物質的な結果を引き出さしめた。実際、われわれはその結果を利用した。そのような科学が現れる以前の時代にあって、科学と芸術は不可分だった。二つは深いところで、われわれの精神器官のなかで混ざり合っていた。科学と芸術は相異なる方法によるのではない様々な手段でもって、われわれの精神器官が抱く切望を表現していた。科学と芸術は、両者が一体となるかぎりで存在し、世界の命ある様相のすべてを両者の統一性に結びつけていた。たとえば、中国文明がそうである。エジプト文明がそうである。ギリシア文明がそうである。だがギリシア文明にかぎっていえば、ソフィストが現れて事態は変わってしまった。ソフィストたちは論理を用いて、芸術と科学とを分離した。また両者の分裂を通して古代世界の崩壊を早め、新たな世界がすべてを再構築するにまかせた。アリストテレス、アルキメデス、エウクレイデス、ヒッパルコスは、瀕死の人を分解した。親密な知識を信仰の領域から引きはがし、純粋理性のなかに据え置いた。そうやって、熱狂を殺してみせた。いまに始まった話ではないが、科学あるいは科学の端緒が現れるたびに、同じ現象が生じる。日本美術が失われたのは、西洋科学が日本に侵入したときのことである。ドイツ音楽の声は、産業の組織化が抑圧となって窒息させられた。しかしこれらは、あまりに無味乾燥な、間を置くことなく現れた安易な例にすぎない。実際の現象は、より広汎にわたる。現代世界において、芸術と科学の対立という両者にとってまことに不幸な事態は西洋のルネサンスとともに始まり、幾世紀にわたる長い時間をかけて強められてきた。そして、すべての活動とほとんどすべての精神を機械化へと突き進む社会の歯車のなかから吸い上げようとする方法が決定的に組織されたとき、両者の対立は悲劇的様相を呈することになった。両者にとってまことに不幸な事態、と私は言った。というのも、科学はそこで人間の活気を失い、精神の統一性のなかで科学を脈打たせる直観と官能の飛躍を失ってしまうからだ。芸術もまた理性の骨格を失い、素材およびその構造と法則に対する親密な知識を失った。素材などに関する知識は、かくのごとき恩恵に満ちた統一性から抜け出てはいけないと芸術に命じ、技術を巧みに使いこなす狭き道だの、あるいは感傷に訴えるお涙頂戴風の卑《いや》しい習慣だのに陥らぬよう仕向けていたにもかかわらず。

このような分裂が諍《いさか》いなく成し遂げられたのでないことは、私も承知している。そもそも、科学と芸術が分けられることで、もろもろの精神が感じ取っていた危険が証し立てられたのである。切り開かれた死体を考えてみよ。捜索中の腐乱死体のことを考えてみよ。甲虫の鞘翅《しょうし》を素描し、鳥の飛翔を研究するダ・ヴィンチを考えてみよ。暗く深紅に沈む画布のなかで、旗のはためきと槍の一突きとを幾何学的に配置してみせるウッチェロを考えてみよ。ブルネレスキやドナテッロやピエロ・デラ・フランチェスカによる造形的定理の数々を考えてみよ。マザッチオからミケンランジェロにいたるまで、イタリアのルネサンスが痛ましく張りつめた性質を備えているのは、絶え間ない努力のゆえである。イタリア・ルネサンスは科学と芸術とのあいだに、そして精神の朽ちゆく記念碑と、いずれ普遍的になることが予想され、採用を遅らせるわけにはいかぬ分析の探求とのあいだに絶対的調和を見出そうと絶えず努めていた。ミケランジェロの心では、キリスト教徒が最後に手に入れたもっとも困難な勝利が跳梁跋扈していた。ミケランジェロ以後の人物でパスカルを除くなら、おそらくミルトンが挙げられるが、ミケランジェロ以降となると、精神を苛《さいな》む素晴らしき劇《ドラマ》は別の方向に傾いた。あのような統一性は刻々と風化し、失われた。もはや問題なのは、キリスト教ではなく、個人であることなのだ。理性はいまだ幼年期の幻想にすっかり浸りきり、さらけ出された〈歴史〉や〈空〉や〈大陸〉や〈海〉やらの想像的解釈に奮い立たせられていながら、個人性を解放してみせた。劇《ドラマ》の楽園は、キリスト教でなく、個人性にこだわっている。ヴェネツィア派の画家たち、セルバンテス、シェイクスピア、ルーベンス、レンブラント、モーツァルト、ヴァトー、バッハ、ベートーヴェンらがその楽園に通じる固く閉ざされた扉をこじ開けた。偉大なる建設的体系は、それがコペルニクスのであれ、スピノザのであれ、ニュートンのであれ、ライプニッツのであれ、ラプラスのであれ、ラマルクのであれ、異なる場所から出発しながら、おしなべて同じ地平へと向かう。そうした体系は、深く予感した結果生まれたものである。科学は寛容な慎ましさに溢れ、偏狭な実験と凡庸な観察から引き出された仮説が光り輝くさまを受け入れるのであり、そうである以上、芸術の手段と目的を受け入れることもでき、芸術に形而上学的な支持体をもたらす。そして芸術は形而上学的な支持体を持たなければ、些事と細部のなかをさまようしかなくなるのだ、という予感である。

3

そう、われわれの時代にいたって、芸術と科学とは完全に分離された。十九世紀の芸術と十九世紀の科学は、それぞれがおのれの探求を進めるべく、互いに背を向けることになった。なるほど、豊かな探求であった。分析によって、絵画は光を、小説は心理を、科学は実験室と産業器具を獲得したのだから。しかしそれゆえにこそ、科学と芸術は、もし両者の結びつきを実現しなければ、死に絶えてしまう。光は形態を切り離し、心理は抒情を解体し、実験室と産業は職人仕事を壊してしまった。科学と芸術はいままさに死に絶えんとしている。しかも、客体においてではなく、魂においてだという点に注意されたい。科学と芸術は、獲得された速度の上で活動しているものの、次第に力尽きていく機械的な方法によって、かろうじて客体のなかで生き延びているにすぎない。科学から芸術が失われるということは、実験室の若造でも顕微鏡を使って隠された病の診断をすることができ、外から治療することができるということである。だが、その若造は昔日の臨床医と異なり、そこに深い有機的ドラマを見出すことができない。かつては、直観、観察、人間に関する精神的かつ社会的な知識、ゆっくりと獲得された科学、それから内省などによって、臨床医は有機的ドラマを明るみに出し、またそれを辿って理解し、それに立ち向かっていた。しかも、その有機的ドラマが、遺伝や、環境や、職業および生活の条件や、ドラマを担い伝えるものの物理的および精神的本質と取り結ぶ、ほとんど感知しがたい繋がりを見失うことはなかった。芸術から科学が失われたということは、学士院《アカデミー》の教授でも金銭と設計図とを総動員して宮殿を建てることができ、貪欲な顧客の虚栄心を満足させられるということである。だがその教授は、建造物の真の目的に入り込むことができない。構成の親密さや建築資材の肌理に対する気配りを持ち合わせていない。独自の美徳も方法もなく、作業員の一人一人が行う仕事に対して、特別に反応すべきことも知らない。有用性というものが自分の嫌悪する調和と合致している事実にも気付かない。ところが有用性とは、秘密の幾何学が備えもつ直観的知識に答えたものであり、この隠された幾何学は、従順な数を単純な集まりのいくつかと流れるような曲線のいくつかに閉じ込める。教授がそれらを強調する術を心得ていなければ、集まりも曲線も装飾によって断ち切られ、解体されてしまう。

芸術と科学の対立はますます加速しながら、ほぼいたるところで、愛を忘れた科学者と知識を忘れた芸術家とのあいだにひそかな関係が音なく成立するというありさまを呈すにいたった。もっと過激な言い方をしよう。不運という不運が起こった責任を、この対立に負わせねばならない。恐ろしいことに芸術家は象牙の塔に取り残され、そのなかに家具を備え付けようにもやり方が分からぬ境遇である。科学の恐るべき残酷さが、ここにある。科学は人類に対し、産業と戦争でもって血と脳のなかを歩かせ、どことも分からぬ場所に向かうよう強いている。だが間違ってはならない。嘆きの涙が流されるのは、統一性に対してである。仕事をぞんざいに行い失敗する悪い労働者のように、統一性を破壊した恐るべき道具を糾弾するとなれば、統一性を失った苦しみをこそ裏切っていることになる。その道具は統一性を壊してしまったものの、それを作り直すことができる唯一のものだ。科学は、芸術以上に残酷なのではない。宗教以上に残酷なのでもない。われわれは宗教や芸術からすべてを受け取った。科学からもすべてを受け取ろうではないか。われわれはひどく荒らされ、血も止まらぬままに涙も涸れ果ててしまったが、それでも、知られざる秩序の喜びや、内的ドラマと周辺に渦巻くカオスに巻き込まれながら勝ち取った新たな統一性の喜びが自身のうちに生まれるのを感じるとき、生からすべてを受け取っている。産業は子供と女性を叩き潰し、戦争は男性を殺しにかかる。たしかに、その通りかもしれない。しかし、一体どれほどの犠牲があったかを数えてみたことはあるだろうか。ペイディアスが人々の怒りの上に小さな神殿〔パルテノン神殿のこと。ペルシア戦争勝利を感謝して、アテネの守護神アテナに捧げられた〕を飾り立てる高潔さを勝ち取り、アイスキュロスが不貞の悲劇から抒情のドラマを汲み尽くし、アリストファネスが諸陣営の愚行から笑いを蒸留するために、ミュカレとサラミスの停泊地〔ともにペルシア戦争において戦地となった場所〕には何人の犠牲者が積み上げられたのか。岬という岬では何人が喉をかき切られたのか。シチリア島とペロポネソス半島を包む海の底には、何人が溺れさせられたのか。車輪に砕かれた骨を探しに、聖堂の地下にある納骨堂を探索したことはあるだろうか。石とガラスでできたリブが織りなす詩篇が生者の祈りを天に、死者の信頼と同じ高さにまで届けるために、一体何人の子供が、何人の女性が、城壁の溝で息絶えたかを知っているか。ご存じの通り、預言者の馬が冷たい水を飲みにやってきたとき、カリフ〔マホメットの後継者としてイスラム教国を治める教主兼国王〕たちは棕櫚《しゅろ》の葉と天蓋との下にしかと用意していたが、何匹もの馬のひずめが大理石でできた土手道に血の痕を残したのである。アッシリア文明があった。アステカ文明があった。インド文明があった。森の罠と沼地の熱狂のなかを進みゆくローマの水路と街道があった。イタリアのもろもろの共和国は、血に塗れた敷石の上に精神を張り巡らし、凱旋門を築き上げた。これ以上筆を続けるには及ぶまい。文明とは、恐ろしいドラマなのである。文明の偉大なる時期とその退廃や衰退の時期とを区別するのは、廃《すた》れていく危険を受け入れる勇気があるかないか、また無秩序を打ち負かし、心の平静を手に入れる力能があるかないかにかかっている。

　科学は現在担っている役割がいかなるものであろうと、芸術と同じように、世界を統一せしめる道具にほかならない。エルネスト・エローはそれが完璧に分かっていた。『人間』（一八七二年）の愛すべき章で、彼は科学をキリストに属するものとして要求した。聖ドミニコの火刑やミシュレの魔女をだしに、私に反論するのはご勘弁願おう。[ii] 教会が知識人を火炙《あぶ》りに処したのは、科学がその原則からして教会の精神に反したからではない。そうではなく、科学が教会の精神と相反しているように見えたからにすぎない。キュヴィエはラマルクを焼くことは叶わず、嘲笑するにとどめた。だがそれは、身体を処する以上に確実に考えを殺す行為だった。[iii] エローはたしかに正しかった。だが、世界の統一性がひとたびキリスト教のものとなったのであればそれで十分であり、再びキリスト教化されるには及ばない。鉄のペンが詩篇の書かれたページを破ってしまったが、それは同じものをもう一度書こうとしたためではなかった。キリスト教であれ何であれ、宗教とは、多かれ少なかれ壮大で永続的な統一性を詩によって説明したものである。しかしこうした説明はおのれの美を保持する一方で、群衆の精力を呼び起こし、心という心をそのまわりに接合する力を少しずつ使うようになる。聖職者はそこでもっとも活動的に立ち居振る舞う人物であり、詩を朗唱し広めるのだが、同時に詩の解体にも積極的に参加する。聖職者は信仰に努めるかぎり、詩を強化する。だが、その信仰が大きくなると、詩はたちまち失われてしまう。芸術家と科学者は、四百年前からこういった聖職者の役割を担ってきた。技師は百年前からである。彼らは何度も詩を構想したが、壊した回数も幾度に及ぶ。なかでもそのうち何人かは、周知のように、見た目だけのものや凡庸で当たり前のことを拒んでみせる深い心を使うべく、完全なる叙事詩を想像し、内的な大聖堂《カテドラル》とそこに集《つど》う一体となった群衆を思い描いた。彼らはどれほど大衆から離れていようとも、無私無欲の信念に備わる孤独な力でもって、神殿の数々を建て直してみせた。再生と再創造が必要であるがゆえ、大衆は、芸術家と科学者の背後にたなびく航跡に巻き込まれていく。むろん、大衆は彼らのことを知らない。だが大衆の精神を種蒔いたのは彼らであり、その精神はおそらく知らぬ間に、神秘主義を動かしていた。大衆が芸術家と科学者の流れに加わる。なぜなら大衆は、いつの日か――というのも、それが道理なのだ――、充足する飢えの名において、また不足する愛の名において行動し、反旗を翻すからである。感傷的な芸術によって骨抜きにされた芸術家に反対し、実験科学によって視野狭窄に陥った科学者に反対し、金銭によって堕落した実業家に反対して、抵抗を示すだろう。一篇の詩とは、熱狂していながら均衡の取れた状態のことを指す。可動的な人間もしくは動く人間性と、万有によって満たされ覆われた、世界全体を形作る動く諸要素とのあいだに実現する均衡の状態の謂《い》いである。それらの関係が絶えず変化していくために、こうした均衡状態は以前とは異なる新たな詩によって翻訳される。〈歴史〉の実体をなすもろもろの詩篇は、いつの時代でも、いかなる民族のもとでも変わらない。詩を作り、詩を生きる人々の心のなかでは、共通した同じ性質を備えている。統一性と呼んできたのは、この性質のことだ。

4

科学は詩を壊した。だが、それゆえに、また別の詩――別の統一性――を作り直す。ギリシアの知性がユダヤの情熱に遭遇し、以前の詩を破壊して、また新たな詩を作り直したように。勝利の極限に達した知性と欲望の淵にある抑制された情熱とが接触しなくてはならないのだ。機械が、群衆を一つにする神秘主義のただなかに現れる。群衆は、かつて奴隷が古代文化の重みの一切に耐えていたように、機械の犠牲者である。機械はそうしたなかで、新しい統一性が手にするもっとも強力な道具となるだろう。まず注目してほしいのは、知性を支えていた確固たる概念のもろもろに、機械が素晴らしく働きかける点である。物質および精神の両面において、機械は距離を消去し、時間を消去した。空間の次元に持続を招き入れた。事物の不透明さを根絶した。機械は運動を解体したかと思えば再構築し、遅めたり早めたりしながら、運動を変容させる。機械は身体の統合を実現する。精神のリズムと習慣を覆《くつがえ》し、精神の本質そのものに達する。どれもこれも新しい現象、と私は思う。また、幸福の神秘主義――これこそ唯一かつ真実かつ永遠の神秘主義である――が恐ろしい目覚めを予告している以上、機械はこの目覚めのために、世界の精神的均衡を根本から変革すべく作られたのである。

機械を受け入れた人はごくわずかにとどまる。だが、いずれの場合であっても、機械は新たな精神の関係を明らかにし、魂の関係に働きかけ、その条件を変えてみせる。芸術を殲滅《せんめつ》する、あるいは芸術を専有してしまうほどの決然とした正確さと率直さでもって、美的関係を変革する。ラスキンよ、機械を呪っている場合ではない。[iv] 呪詛の言葉が何を生み出したか、あなたは知らないのだ。機械に反対して、あなたは人類の無垢さに訴えかけた。世の人々はあなたに従って純粋無垢な振りをしたが、あなたが人々の純粋さの痕跡を具体的に引き合いに出すにつれ、彼らは存在していることを恥じるようになった。機械を呪ってはならない。機械は存在するのである。プロメテウス〔ギリシア神話の男神。人類に火を与えたとされる〕の身振りやイエスの言葉と同様、〈歴史〉から機械を追い払うことは容易ではない。重要なのは、機械をむしろ摑み取ることである。われわれは、魂の領域においても、実際の面においても、それをまだ摑み取ってはいない。われわれの方が、機械に捕まっている。機械はわれわれを隷属状態にまで還元する。私は作り話をしているのではない。われわれは、機械の怪物的な食欲が求めるままに、その些細な要求にいたるまでに従っている。機械は、われわれの胎内にあるわれわれの心に宿るわれわれの魂を、降下せしめた。われわれがまだおのれの精神に諸概念を専有する許可を与えていなかったのが、その原因である。伝統的な教育が、死に絶えつつある神秘主義にまつわる偉大な思い出の数々と、こうした思い出に対する嫌悪感とのあいだで逡巡することが今後できないように、機械は諸概念に要求をし、諸概念を修正していく。たしかに思い出に浸るにせよ、それを嫌うにせよ、どちらにしても貧相な態度である。われわれの目を眩《くら》ますか、堕落させるかする振る舞いにちがいない。だが私は、機械の低俗な一部であることから人間を解放するためなら、工場で毎日一時間、いや二時間働くことも辞さないつもりだ。兵営で何ヶ月も無駄骨を折ったこともある。いまでも、勝手に決められた列車の到着時間に甘受し、生計のために仕事の進み具合も他人に合わせている。家賃や税金を支払うのとなんら変わらぬ。おそらく、現在のような状態はさして長くは続かないだろう。われわれが機械に頼る状況は限られていく。たとえば機械に備わる自動性《オートマティスム》が、必要とされる腕の数を減らし、機械による専制の幾分かをわれわれ全員に振りわけることになった場合、われわれは機械を所有しはじめるだろう。あるいは、機械とは知性の恐るべき延長であり、何人かの益を計らって社会秩序を粉砕するのだが、機械が打って変わって社会秩序に参入し、あらゆる個人の熱情を社会秩序に従属させることになった場合、われわれは機械を所有しはじめるだろう。

まだ安心してはならない。これから私の述べることには矛盾があると思われるかもしれない。こちらの言い分が理解されるかどうかも怪しい。人間が機械を征服するということは、つまり人間が機械に復讐し、これまで主人だった機械を決定的に服従させるにいたるはずだが、こうした事態は、何人かの人々にとってはすでに始まっている。奇妙な機械である。その腸や動脈や心臓は、神経や感覚や意志や情熱によって人間に直接的に繋ぎ止められているのだが、人間は大きくなる価値があるということで、人間を大きくさせるのである。このような機械は動く機械であり、おのれの力能と引き換えに、人間の側からも同様の力能が贈与されることを求めている。機械はそうして、気紛れで反抗的なおのれの性向に帆柱を立てるとともに、みずからが孕む分別なき暴力を管理し、自分の無気力さを速度と重力の法則から逃れさせる。このような途方もない鉱脈を切り拓いたのは、自動車である。なかでも潜水艦や飛行機は、自動車が豊かにする精力や巧みさや知性や想像力が集まった宝の山を明らかにした。また、映画《シネマトグラフ》は、われらが詩的発明の思いも寄らぬ回帰だった。映画は科学に対し、活用すべき新たな芸術の勝利を高らかに告げてみせた。持続が動いて脈打つ奇跡的な空間のなかで、形態や身振りや塊《マッス》や明暗度《ヴァルール》が動きをともなったまま、無限に組み合わされていく。われわれの精神の躍動が、物質の神秘の躍動と密接な接触を果たしたのは、随分と久方ぶりのことだ。最初の遊牧民が初めて炎を手にしたとき以来の出来事であり、ポリネシア諸島やキクラデス諸島に現れた最初の漁師が、初めて櫂で海を叩き、初めて布の切れ端を吹きつける風に広げたとき以来の出来事である。私見だが、機械による独裁制が後退しはじめたのは、まさにこの日、映画登場の日だと思う。われわれは、精神がこうした後退を慮《おもんぱか》り、機械の諸器官に備わるいやます自動性でもって実現してみせた勝利の数々を組み合わせる。そのようにして、機械の登場で混乱させた知的かつ社会的な均衡を作り直すよう、われわれは機械に強制することになる。機械はいまはまだ、われわれの外にある。だが将来、機械はわれわれの一部になるだろう。

　私が以上のようなことを考えたのは、ある日のことである。絵画の展覧会に出掛け、ひどく変わった「絵《タブロー》」を見たのだった。幾何学模様というか、幾何学模様を模した図像の組み合わせからなる作品だったが、そこには本物の鉄の歯車が貼られ、実際の固形物やそれが描かれたものからなる部分もあった。また別の日になるが、同じ身振りが万華鏡のごとく連続するのが描かれており、その意味を推し測ろうとしたときも、同様のことを考えさせられた。同じ身振りの目眩《めくるめ》く反復が画布の上に定着され、運動の視覚的な感覚——間違っても、象徴的な感覚ではない——が、そこでは移動させられていた。両日とも、私はこう思ったのである。変容した運動だの運動の新たな道具だのから引き出される新しい概念のもろもろを、さも当然のように自分のものと言って憚《はばか》らぬ者どもは、実際はほとんど何も考えていなかったわけだ。彼らは真似しているだけだった。公的なアトリエに通う出来の良い生徒にすぎなかった。彼らは古い形態を甘んじて模倣する代わりに、新しい形態を気取って模倣してみせただけのことである。こうした新たな観念や形態を復元したにせよ、何一つ消化できてはいなかった。彼らが組み合わせていたのは、自分らに属すことのない形象《イマージュ》であった。おのれの心臓の鼓動が伝えるわけでもないリズムの基底が生み出す、そうした映像《イマージュ》を、おのれの指の動きのなかに与えてみせたわけだった。彼らは間違っていた。いくつかの機械と、そういった機械が満たしてくれる需要と、機械が生み出されるにいたる考え方や機械の機能の仕方から明白になる活発な法則の数々とが応答を試みる有機的必然性に分け入り、それを深く知るべきなのである。機械のリズムがわれわれの精神に合わせられる、そのような日が訪れるなら、われわれはロッドとピストンに場を譲り渡すだろう。絵や彫刻の上に機械の欠片を見ることも、交響楽や詩から機械の洩らすあえぎ声が聞こえてくることもなくなるだろう。そこにあるのはただ、純化された外形であり、はっきりとした輪郭であり、正確な運動であり、断固とした身振りである。それらがまったく思いも寄らぬ結びつきを示しながら、逸話だらけの感傷主義といかにも絵画的な出来事とから新たに解き放たれるがままに表現へと導かれていく。人間の永遠の感情が、機械に親しむことで変容をこうむった言語でもって表現される。ペイディアスは自分の彫刻作品でアナクサゴラスの形而上学を伝えようとはけっしてしなかった。しかし彼はアナクサゴラスの思想に浸るほど親しんでいた。自分のものにしていた。それが自分のものだったからこそ、ペイディアスは大理石に手をかけるとき、おのれの手が有する形態や心が秘める精力以外のことは考えもしなかったのだ。そして考えもしなかったからこそ、手の形態や心の精力と同じように、アナクサゴラスの形而上学が大理石のなかに通っているのだ。

ところで、こうした事情にもかかわらず、このような徴候が物々しい雰囲気を帯び、驚かすか怒らせるかしたいという打算的であったり幼稚であったりする欲望を明らかにするときであっても、これらの徴候をやはり無視すべきなのだろうか。このように機械への呼びかけが生じ、機械の外的形態のもろもろが求められるなか、空間と持続をめぐるかつての考え方が機械の作動によって修正を迫られているが、ここには魅惑的な徴《しるし》が見出される。こうした事態が浮上してきたことは、より一般的な運動と混同されることもある。またあるいは、その運動に由来することもある。またあるいは、それと平行した進化を辿ることもある。またあるいは、その運動を広めたい集団と連帯することもある。絵画も彫刻も、すべてが「構成＝構築的」と自己形容する探求の方へと向かわされている。そこでは、形態の建築的意味が形態に返されることが目指される。また、そうした形態を見出すべく、形態上で舞い踊る反映や、形態を包み込む雰囲気や、形態の外面を消去しようとするにいたっている。そうすることで、抽象的に構想される形態の次元と形態の規模に従った、形態の再現が図られるのである。芸術作品や社会や精神にそれらの偉大な時代を記録する記念碑としての側面を与え直さなくてはならぬとあまねく求められ、われわれは苦しんでいる。われわれのなかでこうした必要性が弱まるのは、その求めを叶えてやったときに限られる。まずは、この必要性を受け入れることだ。かくのごとき欲求がもろもろの理論と体系から離脱し、われわれの魂の深みから、こちらが与えんとする美的かつ社会的な表現へと有機的に広がっていくとき、われわれはこうした求めからようやく解放される。

5

ところで現時点において、機械は唯一の構築された形態である。しかも有機的に、複雑な機能を統《す》べる不可視の中心を起点にして構築されている。複雑な機能とは、使用される諸器官が触知できるほどに活性化されるために果たせねばならぬ機能のことである。私は唯一のものと言ったが、それは建築であろうと、絵画であろうと、彫刻であろうと、文学であろうと、政治秩序や社会秩序であろうと、いずれにおいても唯一という意味である。唯一であると同時に、廃墟のなかにそびえ立ち、完璧かつ強硬で、恐るべきものである。おのれのあらゆる側面に規定され、断固とした面と面とのあいだに据えられている。塊《マッス》と突起によって抵抗を覚え、攻撃にまわり、生き生きと脈打っている。そして、秩序を渇望する精神に安全を保証する。たとえば、しかと組織された強固な社会様式の外的記号である建築という分野において、百年ほど前から機械が果たしている役割に目を向けてみたまえ。機械とは、唯一の建築である。機械が現れて、建築は傾いた。建築は失われたのだと考えた人もいた。実際は、取って代わられたのだ。はじめに現れたのは、まだ形成される前の段階にある器官であり、それが建築から場を奪い取った。その後、当の器官は情け容赦なく増加し、堅固であったり変動的であったりする建造を繰り返しながら、怪物に年貢を納めるという刑に処された世界に侵略を企てた。かの地では、怪物が喰うのに必要な石炭をそこから搾り取るために、ある人々に向けては日々の生活を地下で過ごすよう要求し、またほかの者には、怪物の骨と筋肉を鍛え上げるためにゆっくりと生きながら焼かれることを命じていた。怪物はただ歩くだけで、人間の脳みそを自分の関節のなかで潰していた。風を好み競争に長けた金属の野獣が、胸から音を出し、内蔵の取られた腹を抱えながら、静かな関節のなかで固い腕という腕を動きまわしている。ときには、動かない翼がその身を高所で揺らしている。人間の家は、このような野獣を前にはしごを失うとともに、グロテスクな装飾に覆われて、外形を乱され、均整を狂わされる。怪物の存在する世にあっては、もっぱら怪物の住処《すみか》のみが理にかなった均整を保ち、必然的な外形を留め、余計な装飾を剝ぎ取り、失われたはしごを再び見出していた。ひとえに技師が行動し、「芸術家」の介入がなければ、金属や鉄筋コンクリートが、あるいは場合によっては古い石でさえもが新たなリズムに乗って、直線の威風堂々たる率直さや曲線の音楽的連続性を復活させる。さらには塊《マッス》の機能的必然性までもがよみがえる。マッスはもっとも緊密に、もっとも無邪気に、もっとも真摯に適用し、調和を明確にしてみせる。怪物とその住処に加え、怪物の駆けまわる道とその中継地といったもののおかげで、怪物を受け入れ、死者から借用したけばけばしい衣装を怪物に着せるのを諦める者たちは、美を垣間見ることができた。土地の若返った相貌に、怪物と知性とが最終的な合意を見ることでいつか与えられる美しさが、おぼろげながら見られたのであった。

すでに目にしているように、思考の迸《ほとばし》りが相対立する二つのあいだを飛び超えるがごとく、巨大な方舟はひと跳びで裂け目を越えていく。また、これもすでに目にしているように、強力な機関車は機体の飛び出ている部分をなくし、雷雨を制御し支配する。短い首も、張りつめた胸部も、円筒形の体内に隠された内蔵も、連接棒も、ピストンも、一切がダンスの一挙一動のように巧みに絡み合う。静かで正確で律動的なさまも、運動の眩暈《めまい》と精神の秩序との秘められた組み合わせに従うさまも、踊りの動作を思わせる。あるいは自動車もある。その漆黒に輝く光沢は、調和を奏でる箱や東洋の漆器を思わせる。どうやら東洋の漆器というのは、松の影が掛かった泉の流れるような透明さを凝縮し、時間の征服への跳躍を妨《さまた》げうるものすべてを自動的に取り除き、金属を思わせるおのれの心のまわりに切れ目のない形態を張り巡らせ、その塊《マッス》の揺るぎない統一性に、本質的な器官として人間の輪郭を与えているようだ。あるいは飛行機もある。飛行機は、巨大な昆虫のように、艶《つや》やかな前胸と轟音を立てるプロペラを中心にして整然たる佇まいを見せている。昆虫のごとき前胸と回転羽根が大気を穿《うが》ち揺れ動かすさまは、さながら、自然が飛行のために織りなす諸形態のなかにわれわれの知性を正当化するものを見出そうとするかのようである。潜水艦は暗闇に沈む深淵に包まれながら、理性の構造に無邪気にも服従することをやめず、また潜水艦が求められることで、動物にも理性の構造が押しつけられる。大砲は四海里先に死を送り届けるという数学的に規定された役目に従い、照準機と制動機によって鋼鉄の定理のごとき残酷な様相を呈すがままにしている。工場は運動状態に置かれ、そこではベルトが飛翔し、連接棒が途方もない往復運動を繰り返し、ハンドルが落ち着き払って輪舞を舞っている。すべての器官が稼働し、巨大な軽さとリズミカルな正確さを呈している。ゴシック様式の聖堂の外陣を飾り立てるリブが引く線という線は、絶えず応答し合い、釣り合いを求めていくが、その際に中心となる思考と同様の思考に、動く工場は服従しているかのようだ。天空の重力が囚われの想像力にその存在をささやいた、遙か遠くの聞こえない音楽を、動く工場は繰り返している。光に溢れる映写幕には知られざる資源と可能性が眠っており、より一層豊穣な機能が備わっている。そこでは、人間と動物の形態が地上の形態に結び付けられる。人間と動物の形態は、それらが組み合わさって建築となり、生まれては消える階調《ヴァルール》の切れ目なき移ろいのなかを動きながら、それをやむことなく粉砕する。こうして視覚交響楽が露出し、光と生とが組み合わされ交換を果たしながら、空間全体が息づいていく……。しかし、注意せよ。この素晴らしき道具は、あらゆる民族の性格と人間性を、それを利用するすべての人間の性格と人間性を強調する。だが機械もまた絵画と同様に、その作者の魂を裏切りにかかるのだ。自動車がそこにあるのは、五百メートル離れたところからでもすぐ分かる。ところが、たとえばドイツの軍艦の隣にイタリアの軍艦を置いてみると、強大な象を前に、神経を高ぶらせた細長い猫が這いまわるようで、ほとんど目立たない。工場に切り立つ煙突の数々は小柄ながらも力強い。すらりと伸び、あるいは控えめな均整を見せるさまは、さながら神殿の円柱であり、田舎の女性や木々を彷彿とさせる。

おそらくエジプトやギリシアでそうだったように、そしてローマにおいては確実にそうだったように、技師の科学は、感情の泥沼にはまり込み立ち往生している芸術家の仕事を、均衡の必要条件に連れ戻してくれるだろう。機械は、見られるために作られたのではなかった。機械はまずもって、役立つために作られた。機械はわれわれの恐るべき遊戯に仕えている。機械とは、遊戯である。機械は嘘をつかない。嘘をつくことができない。なるほど機械は、物質に関する知識や、物質のかつての質に関する知識や、これまで想像だにしなかったその他の知られざる質に関する知識や、こうした知識の使用に不可欠な方法に関する知識といったものが必要となるように、われわれに少しずつ教えてくれている。だが、そればかりではない。機械は、あらゆる外的形態が機械の使命に従属するよう、再教育を施している。機械が論理的かつ理知的に構築されたのでなければ、それは作動しない。もし作動したとしても、首尾よくは行かない。機械の美しさ、この簡素で実直な美は、自分が見られていることを知らない動物と同等の美しさであり、天体の機械的な歩みが形態の生命に刻印する韻律と同等の美しさであって、機械の美は機械をもっとも従順に間を置かずに適用することに、必然的にかかっている。機械とは、硬い芯である。そのまわりに、同心円を描くようにして、知的秩序が少しずつ編成されていくにちがいない。知的秩序の気配はすでに感じられる。新たな神秘主義は、おのれが維持されることを望み、おのれの価値を階層化することを望むならば、この知的秩序を必ずや必要とするだろう。

6

　つまり、毎度のことではあるが、人間の物的および精神的な世界に新たな要素が導入されると、均衡が崩される。しかしそれと同時に、つねに不安定な均衡を再び立て直さなくてはならない。均衡こそ、新たな要素を導入するという労力の終生変わらぬ目的である。おそらく火を除けば、この世界にそれほどの重要性を担った要素が持ち込まれたことなど一度としてないと主張する人もいるだろう。だが、火が発見された日に何が起こったのかを知りうるには、それはあまりに遠い出来事である。石器の斧が最初期社会の基礎編成を根底から覆した時代とほぼ同じくらいに古い。いや、それ以上前のことになるかもしれぬ。いずれにせよ、時期はさして重要ではない。科学の道具を以前のものと異なったものにしているのは、ただ見た目だけである。探求と征服を担っていたかつての手段はいわば重心であり、そのまわりを数々の文明が順々に周回していた。宇宙の体系というものはすべて、世界の総合的説明というものはすべて、異教にせよ、バラモン教にせよ、仏教にせよ、キリスト教にせよ、イスラームにせよ、均衡の切断と再建を引き起こした。今日では、機械化へと進む風潮がその悲劇的な事例を提供している。今日の機械化と、諸階級の利己主義と対立によって作られたあの情熱的運動とが異なるのは、一体どのような点においてなのか。ああした運動の数々には、人間と人間との関係や、奴隷と成金との関係、民衆の需要と貴族の規律との関係、腹と頭との関係といったもろもろの関係の恐るべき変動が表されていた。またそういった運動は、軍隊と軍隊とがぶつかり、戦車と軍船での集団移動が生じ、仕事にまつわる風聞が流されるなかで、宗教的に組織されていた。西洋が誇る「文明」とやらは、実際のところ、鳥肌ものの眩暈を西洋に味合わせている。その眩暈のなかで文明の没落の特徴である価値の変動が起こり、人間が新たな文明を打ち立てようとしても、多くは許されない。精神を奈落の底へと導く重力を持った要素に対抗しうる神秘主義を組織するのが関の山である。西洋の「進歩」とやらも、東洋文明に対する軽蔑を煽《あお》り、分別を失わせるほどだったわけだが、実際は、二つの均衡状態のあいだの懸念すべき推移でしかなかった。たとえば十八世紀という時代を考えてみよ。ドイツ音楽が人々に警告の叫びを発し、危険を伝えようとした時代のことである。そのような時代にあって、ヨーロッパの退廃がほとんどアジアの退廃に匹敵するほど深かった点に着目されたい。それ以前はなおのことで、地上のあらゆる文明が似たような発展状態にあったわけである。五十年の間隔が空くこともなく、ほとんど同時に、アッバース一世がペルシアに、アクバル大帝がインドに、徳川家康が日本に、ルイ十四世がフランスに現れ、この上なく見事に様式化された記念碑がそれぞれの領地を覆い尽くした。それまでその地の活動と風潮を決定づけてきた建造物と比べても、とびきりの見事さだった。そして、まったく似たところのない四つの宗教がそれぞれの土地を統治していた。だが、彼らが現れてから一世紀も経たないうちに、差異が生じることになった。というのも、西洋において、神秘主義の急速な解体が分析道具をもたらし、その道具が西洋を引き裂いてしまうことになるのである。この道具は退廃を止めるどころか、むしろそれを早めた。精神は焼けつくような傷口の痛みのために眠りに落ちつくこともできず、荒廃した楽園のおぞましい孤独のなかで誰からも見向きもされずに取り残されながら、みずからが支点を探そうと生み出してしまった瓦礫の山をひたすら探索することに明け暮れている。機械が文明であるなど、到底ありえない話である。しかしながら、人間が機械を利用し、文明を作り直すことは十分にありうる。文明の精神的発展はいまだ黎明期にあり、その到来を待ち望む状態にある。科学は——そして科学によって、機械もそうなったのだが——、溺れる者に摑まれ、海の底へと持っていかれる棒きれであった。しかしいったん海底に着くと、その棒きれが岸をよじ登るのに役立つのである。

科学による機械化と、新たな文明を作り直すべくありとある文明を滅ぼした経済的かつ知的な諸要素、抑圧者が押しつけた価値観を転倒しつつ、たいていの場合は抑圧する者による抑圧される者の精神的支配はそのままにしてきた経済的かつ知的な諸要素とを、このように本質において比べてみると、機械化の役割をさらに深く知ることができる。機械化は二つの方法で「芸術家」というものを取り除く。まず、精神の論理的質を展開させることによって、そして第二に、偽物芸術のせいで堕落した感情を解放することによって、それは実現される。機械化は、芸術を少しずつ作り直していく。芸術の大いなる時代には、「芸術家」という存在はいなかった。エジプトの墓を作った彫刻家も、ローマの左官も、フランスの挿絵画家も、インドやペルシアや中国の装飾家や刺繍職人や陶芸家もみな労働者であり、それ以上ではなかった。機械化は一般の文化を貶《おとし》め、技術者の厳密な支配を呼び込みながら、群衆を幸福の神秘主義へと送り返す。またそれと同時に、新たな野蛮を作り出す。その野蛮さこそ、作り直される社会の燃え立つ素材となり、若き貴族階級の濃密な中核となる。そして、彼らの価値観を機械化に押しつける覚悟が戦いのなかで鍛え上げられていく。

（一九二一年）

訳注

i 『ラ・ルヴュ・ド・ジュネーヴ』第一〇号（一九二一年四月）に掲載。「映画造形《シネプラステイツク》について」と同様、その後『エデンの樹』に収録された。

ii 十九世紀フランスの歴史家ジュール・ミシュレが、聖ドミニコを異端審問の創始者と見たことが踏まえられていると推測される。

iii 十九世紀初頭、生物の進化をめぐって、生物学者ジャン＝バティスト・ラマルクはキリスト教的世界観に囚われたままのそれまでの学説を否定した。生物変移説の名で知られるラマルクの主張は、のちにチャールズ・ダーウィンの進化論に引き継がれたが、当時は大きな反撥に会っていた。なかでもジョルジュ・キュヴィエはラマルクの説を一切認めず、国立自然史博物館の正教授の地位と権力を利用して、変移説が流布されるのを阻止しようとした。変移説の支持者は自然史博物館の収蔵品へのアクセスを禁止され、主要な学術誌への寄稿も阻まれたという。

iv イギリスの社会思想家・美術評論家ジョン・ラスキンは、労働の機械化やそれによる分業を批判し、手仕事の重要性を訴え、その理想をゴシック美術に見た。ラスキンの思想は、特にウィリアム・モリスによるアーツ・アンド・クラフト運動が生まれる土壌を準備したが、その影響はフランスの作家マルセル・プルーストから「インド独立の父」マハトマ・ガンジーにいたるまで広汎にわたる。

ティントレットの予感[i]

1

ここに一人の天才がいる。なんらかの計画を採用しながら、それに縛り付けられることのない人物である。この天才は二人の先達の影響を受けていた。だが、自身のアトリエの壁に「ティツィアーノの色彩とミケランジェロの素描」と書きつけていたわりには、その二つを身につけることはなかった。彼はおのれのうちで完成した、誰より自律した存在である。彼に似る者などおらず、また彼自身が誰かに似ているということもない。正真正銘の怪物、それがティントレットである。

彼は長いこと見下された評価に甘んじてきた。悲劇的な影の奥に引きこもり、ヴェネツィア派の偉大な画家たちの後方に隠れているようであった。なぜかというと、ティントレットは絵が下手だから、ということらしい。この素晴らしき精神は光を動かし、夜を開いては閉じ、空間と形態をさながら神のようにかき乱す。おのれの夢を囲む壁が、絵画がこれまで立ててきた以上に悲痛なざわめきを立てる自身の夢を包囲する壁が崩れまいとした。その彼が、上手に描くことができないとされる。シェイクスピアは文章が下手だったとか、ボナパルト〔ナポレオン一世〕はまったく型破りな方法でオーストリアやプロイセンを打ち破ったのだと、よく言われたものである。もっとも、イエス・キリストはたいそう出来の悪い道徳の先生だったとは、さすがに言われなかった。しかしながら聖パウロとカルヴァンであれば、そう考えていたことだろう。

いまここで作業しているのは、したがって怪物である。多くの像《イマージュ》を前に窒息せんばかりで、倦《う》むことなく心から湧き出す荒々しい抒情の力があっても、気が休まることはなかった。彼は怒りにまかせて絵を描く。描くために描く。ときには報酬を得ずに、絶望や疲労や創造に酔いしれながら、描く。数ヶ月後の締め切りで箱に装飾を施してほしいと依頼されれば、一週間後には完成させる。押し返されようが、彼はかまわずやってきた。そして怖いものだから、みなそれを受け入れた。このように精神が饗宴状態にあって、息つく間もなく消耗する一方の彼を見て、人々は、自分の娘への愛を忘れたくないのだろうと口々に噂した[ii]。しかし、わが娘を愛しすぎるとは、それだけですでに怪物の存在を思わせる。まわりには音楽家をはべらせていたが、気を休めるために演奏させることはなく、音楽によって創造の力を最大限に高ぶらせていた。絵を描くときは、ランプのほのかな光をたよりとした。周囲を囲んでいたのは、果物に花、そして裸婦たちである。ヴェネツィア総督の肖像画や、大いなる神話を描くというくだらぬ賃金労働と、二週間前に始めた壮大なフレスコ画——百名に及ぶ人物、山々、海、森、宮殿、動きゆく広大な空——の仕上げ作業とのあいだには、気持ちを高ぶらせるだけの隔たりがあり、彼はおもわず自分のチェロから、はらわたを煮えくり返し、涙に噎《むせ》ぶ喉を締め付ける嘆きの声を引きはがした。まったく、怪物である。私はこの怪物が、三十時間に及んだ絵画制作の熱を冷ますために、家から一人出てくるのを見る。暗闇のなかに沈み込んだ夜に運河沿いを散歩しながら、郷愁に誘う歌を聞き、愛の立てるうめき声や殺された人の叫びに、彼は耳を傾けている。水を漕ぐ櫂《オール》の柔らかな音に包まれて棺桶が進んでいくのを、松明《たいまつ》が煙を吐きながら水上を流れる血を揺らしているのを、彼は見つめている。

波の青白い光。入江に電気が輝く無気力な夜。戦闘が起こり火が放たれて、水面は瓦礫で覆われている。惑星は空間のなかで揺れうごいている。裸となった女神の乳が、星の連なるなかで溢れ出てくる。燃えさかるこのような構成《コンポジション》を満たし、もろもろの魂を輝かせたり、くすませたりするものは、胸部を櫓《やぐら》とする内密の劇《ドラマ》のなかで生命が汲み尽くされるまで、何一つとして存在しなかった。この燃えたぎる欲望が、天の世界において、海の真珠からなり、曙《あけぼの》の光に輝く大いなる女性たちを転覆させることになるが、こうした欲望は、ティツィアーノの異教の歌やヴェロネーゼの祝祭とは、もはやほとんど関係がない。それは、逸楽なるものの悲劇的な叫びであって、逸楽は魂の高みへと引き上げられていたのだから、つねに雷雨にかき乱され、死との度重なる交流とその偏愛とに苛立たせられていた。

ロマン主義者ということになるだろうか。間違ってはいない。ロマン主義者といわれたすべての人と同様に、彼もまた本能を授かり、才気に溢れ、影という名の井戸を掘りすすめ、表現を内部から外部へと押し出しながら、それを強く打ち出す。つまり一言でいえば、変形させる。この変形《デフォルマシオン》させるという所作こそ、真にロマン主義的な現象である。いまだにわれわれに取り憑く者であっても、われわれをかつてロマン主義に繋ぎとめていた者であっても、ロマン主義をわれがちに攻撃する人々であっても、さらにはロマン主義の狂信者であっても、すべてこの変形という言葉に集約される。というのも、いまでは表現にあたって本能的に変形を行うことがなくなり、意図的に変形する、あるいは同じことだが、故意に新たな形態を作り出すようになったからである。しかしかの人物はといえば、変形自体を目的とすることがなかった。彼が表現をするのは、循環するみずからの世界を、完成されたおのれの世界をけっして見失わないためだ。いかに大胆に見えようとも、そこでは心が押し出す形態が、竪琴の弦のようにぴんと張りつめた形態が、誠実に維持されている。彼が意のままに据え付けた不可視の核のまわりに、従順に配置されている。私は言葉を恐れるものではないから、彼のうちにロマン主義における形而上学者がいるのを見よう。いつやむともしれない大饗宴のさなかでも嫌悪感を抱くことなく、転がりゆく石の上にいようとつまずくことなく、さざめき立つ幻視像《ヴィジョン》を、解体された形態を、均衡がしかと保たれた幾何学空間のなかに囲い入れる。彼こそ、絵画が生み出した、もっとも偉大な空間の詩人なのである。

2

ティントレットは新たな空間を、つねに新しくありつづけるような空間を形態と形態とのあいだに現出させるばかりではない。これから現れる画家たちのために、そうした空間が果てしなくあらわとなっていく可能性そのものが作り出される。そのような空間が有する力能が、確固とした連続性と精力とともに見せられる。彼以前には、形態が空間との関係で存在していると考えた者はいなかったように思える。誰もが、形態を強調するために空間を組織していた。それに彼以後も、そう考える者は現れなかった。ルーベンスでさえ、そうだ。彼は脈打つ装飾模様《アラベスク》をあたり一面にふんだんに漂わせた。そのアラベスクには血と素材が、精神が注ぎ込まれていたが、リズムが雄弁にすぎ、調和は失われ、一瞬の煌《きら》めきが優勢であった。ドラクロワでさえ、そうだ。死は形態から形態へと素早く移り変わるのだが、欲望はといえば、現実世界の物体と同様に、情熱によってそのリズムがねじ曲げられ、ときには台無しにされてしまう。ルノワールでさえ、そうだ。彼の生み出す空間では、たしかに鳥が飛びまわれるように見え、花は花粉をまき散らし、宝飾品の輝きが息を吹きかけられてくすんだり、いま一度艶《つや》を増したりしてはいるだろう。ただ誰一人として、あの大きな空虚をあらゆる方向に押し開いた者はいなかった。奥行きや高さをともなって、表面上に、対角線上に、大いなる空虚が予期せずして開かれ、そこでは形態が自由に循環し、形態同士が対立し合いながら、奇跡としかいいようのない見事な均衡が、ありとある輪郭線と面の上で実現される。しかもそれでいながら形態は、普遍的交響楽という運動のなかに入り込み、ただ表現のことだけを考え、それに従っているようであった。形態があまりに表現力に富んでいるために、そして見えていないものを想像させるような人物の身体所作や姿勢も手伝って、指が後ろを向いた背中の方へと伸ばされ、またその弾みでもって、うなじは表を向きそうな具合となり、恐怖に脅えていたり、逆上している表情へと向かっていく。途切れることを知らない大いなる運動もまた表現をいっそう高め、その運動があるときは怒りに、あるときは正しさに、あるときは速さになって、画布の表面から飛び立ち逃げ去りながら、ゆっくりと浸透するように奥行きへと沈み込んでいく。ところがここに、驚くべき逆説がある。形態が表現に適していればいるほど——ちなみに形態だけを取り出してみると、グレコを思わせる。グレコは形態から作られており、おそらく内在的な意味でもっとも表現力豊かな画家である——、それらの形態が一つに切り離されてみたときに、一つ一つの形態が表しているものへと考えが及ぶことは少なくなっていく。形態は広がりのなかを転がっていく。あたかも、遠くで鳴り響く雷のように。かくも多くの人物を描き、かくも多くの身振りを用いた画家はいなかった。それでいて描かれている人物について考えさせることがなく、その身振りにも無関心にさせる画家など一人もいなかった。彼の《天国》（一五八八年）を見ても、その八百人の人物たち（ものの本によれば、これくらいの数であったと思う）が何をしているかに、思いを馳せることはない。しかし彼らはたしかに存在している。肉があり、骨があり、筋肉があり、顔があって、張りつめ痙攣しているように描かれることで、人物としての機能を十全に担っている。だが人は、彼らを見るのではない。そこに感じられるのは、広大なまとまりにほかならない。雲のごとくにもくもくとした、量感ある色彩全体を包み込む交響楽である。始まりも終わりもない視覚的音楽である。永遠に波打つうねりが捉えられていながら、精神によって止められることなく、その前を通り過ぎていく。

　これこそ、あの尋常でない絵画の意味なのだと私には思われる。そこに描かれた逸話はひしめいていて、一度ならずその逸話に捉えられる。ヴェネツィアの歴史が力強くありのままに描かれ、聖人伝や古代ギリシアの物語のなかに組み入れられている。そのヴェネツィアの歴史を読みとろうとすると、この都市の歴史が生息の場所とする宇宙規模の詩篇を一度といわず見失ってしまう。こう言わせてほしい。いや、より正確にいえば、私を理解してほしい。この永遠に続く空間のドラマは私に映画《シネマトグラフ》のことを思わせたのである。現時点の映画というよりは、映画が将来なるはずのものを思わせる。内容《フォン》が、形式《フォルム》が動いていくのを絶えず積極的に後押しする一方、形式《フォルム》の運動は内容《フォン》が織りなす悲劇へと入っていく。むろんティントレットがそれを狙っていたのでないことは、いうまでもない。映画を見たことがありながら、映画の生まれた瞬間に立ち会っていたことをほどなく忘れる者や、あるいは映画を普通の見世物と見なし、路傍で繰り広げられる日常の見世物と考える者が手掛けてみせるものとは大違いである。ティントレットが描線をこのように組み合わせ、運動と運動とのあいだにこのような均衡を保つからといって、映画に影響を受けた者が試みるように、映画が露呈せしめたこうした組み合わせや均衡を彼は求めていたのではない。

それは、一種の社会的遊技や、旋律を奏でる装飾模様《アラベスク》によって、映画が発見させたものだった。ティントレットは予感したのだ。はるかに壮大なものがそこで蠢《うごめ》いているのを察知した。映画によって組み合わせられることになったあらゆる要素をすでに用いながら、無数の視覚的オーケストラのようにそれを奏でてみせた。ティントレットは動きを持たない絵画という手段に訴えるほかなかったにもかかわらず、映画の生まれる三百年も前に、映画が実現してくれるものと期待した可視的交響楽の萌芽をさっと描き出した。この深き風景を見よ。そこでは明るさと暗さとが交互に入れ替わる。嵐を起こす密雲が、夕暮れに舞う微粒子が、水泡や水蒸気が田園詩や悲劇のなかへと絶えず入ってくる。遠くには、獣や鳥や集団があたかも偶然のように雑木林を通り過ぎる。舳先の下でうめき声をあげながら、海が広がっていく。一体感のあるこの運動を見よ。形態が目の前で動くために、その目に見えぬ部分が突如として見えるものとなる。身振りが組み合わされ、動く建築となって、何度となく崩れ落ちては再び築き上げられる。われわれの目では、その移り変わりを捉えることはできない。色価《ヴァルール》と対照《コントラスト》は絶え間なく断ち切られては結び直され、入れ替わったり変化を繰り返しながら、両者はそれでいてつねに揺るぎない連帯を失うことなく、造形的《プラスティック》なドラマのあらゆる次元で戯れている。いたるところにその存在を感じながら、どこにも見ることのない、捉えがたき中心のまわりに、すべてが同時に配置される……。いま私には、ドラヴィダの彫刻しか見えない。ティントレットはむろん、かの地の彫刻を知るよしもなかった。だがドラヴィダの彫刻は、ティントレットの前を闊歩している。陽光と影を背にインドの山々を散策している。人間の身体や四肢や顔と、獣や果物が混ざり合う。森を開いては閉じながら、そこに咲く花々をまき散らし、蔓性植物を絡み合わせる。そして、岩壁をはじめ、木の葉や水面に変化をもたらし、動きを与えてささやきを許しながら、呼吸させる。

3

すべては、単なる偶然の産物ではないのだろう。ヴェネツィアは東方《オリエント》に触れている。オリエントの方を向き、オリエントで交易し、闘っている。ヨーロッパはヴェネツィアに、トルコの勢いを抑え、スラヴ人やギリシア人、中近東《レヴァント》の人々と交渉する使命を与えた。ヴェネツィアの商人は、ペルシアやインドまで出掛けていく。ヴェネツィアの港は、西洋における、もっとも大きなアジアの拠点である。黒人種や黄色人種、オリーヴ色人種など、あらゆる人種がそこで出会い、芳香剤や香辛料、人形、象牙、艶のある絹、絨毯、陶器などが売買された。そこで売られる陶器は焼かれるうちに、花冠や蝶の翅《はね》を原料のなかに自然と入れていた。またそこでは、内股で毛も生えていない去勢された男奴隷や、有色人種の女性、火の鳥も売られていた。幻視像《ヴイジヨン》が実際に生じ、神をも思わせる予見的直感が幅をきかせる。そして血が交わり、食品や思想、欲望が絶え間なく見事に混交している。たしかにカルパッチョ〔ティントレットと同じく、ヴェネツィア派を代表する画家〕はそれを見たが、ただし物語を紡ぐ語り部を通して、外側からであった。ティントレットは、西洋人のなかでもっともインド人の素質を持った人物である。身体の内部を巡る体液が、彼を激しく熱狂させ、陶酔させる。潟《せき》湖《こ》に住む魚が濃厚な血液のなかを泳いでいる。鮮明でない曇った映像《イマージュ》が震えながら洪水のごとく押し寄せ、高ぶった感覚に、燃えたぎる胸いっぱいに広がる心臓にいっときの休息も許すことなく、沸き立つ脳髄へと上りつめていく。脳髄にはすでに、音楽が波打ち、愛が不安げに取り憑き、支配と虚無とを求める暗く秘められた壮大な欲望が渦巻いている。西洋では彼ただ一人が、神秘に満ちた〈東〉の扉を押し開いた。扉を開けるとそこには雑然と砂漠が広がっており、蜃気楼の灼熱が震えている。湿地の森が茂り、腐敗した魂や発酵した水から幾千の宗教が生み出されていく。ともすると、彼は西洋におけるアジアの預言者であるといえるのかもしれない。かつてギリシア人が行ったように、そして明日にはヨーロッパがするように、アジアから到来したユダヤ人が、アジアをアジアへと押し戻しているのだから。ユダヤ人には、のちにミケランジェロにおいて見られるようになる、アジアに対する勝利がある。道徳秩序を立てる意志の勝利がある。

ティントレットはアジアを受け入れた。これもまた、一つの勝利である。彼は、われわれが待ち望むあの普遍的人間なのだ。彼のうちでは、理性の要素と感性の要素とが、きわめて張りつめた緊張関係を保ちながらともに脈打っている。インドという情欲を呼び起こす神秘を帯びた灼熱が住みついている。その熱が最大限に飽和し、これ以上ないほど灼き尽くされている。ところが彼は、ついに息果てたと思っても、つねに、そう、つねに再び起き上がり、みなを圧倒しながら、あのたぐいまれな装飾模様《アラベスク》にあまたのものを結びつけていく。彼にあっては、アラベスクは素材《マチエール》を駆けめぐり、統率する精神の力能にほかならず、大量に押し寄せてくる感覚や感情、運動、思考、像《イマージュ》などと、アラベスクが結びつく。私はいま、東方《オリエント》のにおいも大挙して訪れると、あやうく言うところであった。東方では、町の波止場ににおいが流し込まれ、太陽という源を受けて、船の帆が高く揺らめいている。ティントレットは眩暈《めまい》に襲われていようとも、想像を絶する意志を手放すことはなかった。彼を理解しない人々が、ついに狂ったのだと思うときも、彼はおのれの力をよじっているのであり、それは腰を嚙みにくるヒュドラの頭蓋骨を砕かんとしてコナラの樹を引き抜く巨人を思わせた。ティントレットは酒神バッカス〔ギリシア神話ではディオニュソスに対応する〕である。絶望に打ち勝つ西洋思想のなかで、英雄の脇腹を切り裂きにかかる豹やら酔い狂う女やらを、乱暴に練り歩かせた。

（一九二一年）

訳注

i 『ラムール・ド・ラール』第一〇号（一九二一年十月）に掲載。「映画造形《シネプラスティック》について」と同様に、その後『エデンの樹』に収録された。ティントレット（一五一八‐一五九四）は、師のティツィアーノ（一四八八‐一五七六）と並んで、ルネサンス期のヴェネツィア派を代表する画家。文中で言及される《天国》は、縦は九メートル、横は二十二メートルを越える、途方もないスケールの絵画作品。ヴェネツィアのドゥカーレ宮殿を飾るために描かれた。

ii ティントレットの娘マリエッタ（一五五四‐一五九〇）は若くして亡くなった。彼女は父の弟子でもあった。

映画神秘主義序説[i]

1

絵画は、あらゆる芸術のなかでもっとも個人主義的な芸術である。だが、少なくともヨーロッパでは、社会が匿名的かつ集合的な生産方式へとますます確かな足取りで進歩しており、絵画が社会のありようを変わらず提示しえるとは、もはや思えない。表現というものは、いつでも生産方式の娘だったのであり、そうでしかありえないのだから、われわれはいずれ絵画を諦めねばならないのだろう。しかし、こう考えてみれば、それもさほど難しいことではないように思う。人類の大いなる流れがおのれを導く精神のリズムを表現するには、想像力によって瞬間的に作られた言語が必要であり、それを必要としないことなど一度としてなかったわけだが、いつしか人類の流れが精神のリズムを取り込み、それと一体化する日が訪れると考えてみれば、十分容易に絵画に見切りを付けられるだろう。また、形成途上にある神秘主義は表現において分身を持つが、その表現における分身の登場は、神秘主義の表明となる共通の基本器官の数々が現れることを示すとの確信が得られるのであれば、絵画の没落から容易に立ち直ることができるだろう。映画の発明は、エンジンやラジオをはじめ、生産方式があまねく機械化し大量生産が実現したのとほぼ同時代の出来事である。これらを、拡散と集中を実現する製造工程と呼ぶこともできるかもしれない。かような製造工程がとりうるあらゆる形態が、つい最近まで猛威をふるっていたルネサンスから始まる個人主義の手法を引き継いだ。われわれがそれを望んだためか、それともわれわれの抵抗に反してかは定かではないのだが、映画はいま生まれつつある社会と関係を結んでいる。ひとまず中世にまで遡ってみるならば、ヨーロッパにおける建築とキリスト教社会との関係や、アジアにおける建築と仏教社会との関係に比せられる。

映画作品は神殿のように匿名的なものである。その原則は神殿と同じく集合的なもので、個人の能力を超えた資本を必要とする。無数のエキストラは土木作業員を、また俳優の身振りは八世紀前に活躍していた装飾画家のそれを思わせる。演出家と技師たちが工房の主人がかつて担った役割を引き継ぐとすれば、機械化され標準化された製造手段は、交差リブと身廊の骨組みを統《す》べる独自の原理に対応する。そして映画も神殿も、押し寄せ入り交じる群衆のために作られる。これまでは、建築がこういった特徴をすべて備える唯一の芸術だった。また同様に、群衆の奥深くから湧き上がった高揚はフランス革命以来人間社会を揺り動かしてきたが、それは、中世において精神的なものがじわじわと浮上してきた現象と実際に比較できる唯一の事象である。ところで、大聖堂《カテドラル》がその土台を確固たるものとするには、革命的神秘主義が産声を上げたときと現在とを隔てるのとほぼ同等の時間が必要とされたことを忘れてはならない。カテドラルの土台はいくつもの戦いで血に汚れ、そこに物語《ドラマ》のあったことを、そのドラマのなかでわれらの時代の社会を伝える記念碑が生まれ、育ってきたことを想起させたものだった。まず一つには、キリスト教の教義神学が次第に結晶のごとく固まってゆき、軍事の封建制が国際的な覇権を握り、十字軍がその大部分を美化し正当化したのだったが、教義神学や軍事力の圧制は、同業組合を基礎とした自治都市《コミューン》の蜂起によって打ち負かされた。また、もう一つには、哲学と政治の働きによって民主主義の成立が果たされるとともに、経済の封建制が国際的な覇権を握り、地球の開発を推しすめるという名目で正当化された。――いま述べた二種類の活動形態が西洋の民衆の奥深くに訴えかけ、革命が次々と起こされていき、労働をめぐる諸団体の利害と次第に連動してゆく。要するに、映画とラジオが科学と美学の領域で生じせしめた集合的現象と、労働組合《サンディカリスム》や共産主義、規格の設定、企業合同《トラスト》が経済の領域で起こしてみせた集合的現象とのあいだには、偉大なる建築の隆盛と中世社会の成立とのあいだに見出される関係のように、厳密な並行関係が成り立ち、必然的な調和が生み出されている。もしカトリシズムが中世社会の形成に寄与したとするなら、それは、百科全書や社会主義へと向かう体制や前世紀の科学といったものが、われらが革命の時代を主導しているといっても許されるだろう。いや、そんなことはないと反論されるのは承知のうえだ。中世芸術には神秘主義に根ざした性質があったではないか、と言う人もいよう。私はそれに対し、まずこう答えたい。中世において、世俗建築と宗教建築とは同等の価値を担っており、同業組合の発展はキリスト教徒の爆発的増加と密接に繋がっているのである。ベルギー西部イーペルにある衣料会館（一二〇〇 - 一三〇四年）やフランス南部カオールにあるヴァラントレ橋（一三〇九 - 一三九八年）、あるいはアヴィニョン教皇庁（一三六四年）がその例証である。そして次には、こう返したい。キリスト教の信仰と革命の情熱を対立させる者は、この革命を求める情熱を外側から見ているにすぎない。彼方への渇望は、神秘主義にのみ見られる特徴ではない。集団が抱く希望というものは、おしなべて、神という統一性を猛烈に求めることを意味する。

したがって、ここには信仰がないとの主張は、なんら意味をなさない。神秘主義の新たな飛躍を可能にするべく、十二世紀に西洋の地から建築を飛び立たせたものに頼ることもできない。このような規模で展開する現象を前にすると、古き諸宗教は、船が沈むときに泳ぎを知らぬ者がしがみつく板きれのように見えてくる。ペンキが塗り直されたばかりとはいえ、いまや虫食いだらけの板きれである。だが慌てる必要はない。まだ時間はいくらでもある。映画はまだ生まれたばかりなのだ。新しき信仰は映画のうちにおのれの美学的枠組みを見出すであろう。まさしく、カトリックがその美学的枠組みを古代ローマの味気ないバシリカに見出し、カトリックの情熱が炎の束となってバシリカに住みつき生気を吹き込みながら、それを練り上げ打ち立てたのとまったく変わるところはない。信仰とは、芸術の内在的な展開と芸術が奉仕すべき神秘主義とが密かに調和することから生まれるものだ。映画は、古い慣習に囚われた古典主義者に反感を抱かせる。そして十二世紀の神学者のうちに、たちまちその兄弟を、先駆者を見つけることができる。ポール・スーデー〔十九世紀後半から二十世紀前半に活躍したフランスの文芸批評家〕は、文学と演劇の名において、映画という視覚交響楽を嫌悪した。それは、聖ベルナール〔十二世紀のフランスの神学者。クレルヴォーのベルナルドゥス〕が「書物」の名において、柱頭とティンパヌムに彫られた浅浮き彫りを糾弾したのと、まさに同様である。

曖昧な表現を避けねばなるまい。映画に対して誠実な者のなかには、映画を素晴らしき「プロパガンダの道具」としか見なさぬ者がいた。なるほど、その通りかもしれない。政治や芸術や文学の領域には、いや科学の領域においても偽善者がおり、彼らは映画をもっとも忠実な僕《しもべ》だと思っている。だが、いつの日か、互いの役割が内側から機械的に交換され、彼らが映画の従僕となる日が訪れるだろう。われわれは、映画に外側からの教育を求めているのではなく、即自的な「主体」によって、それが成し遂げられることを求めている。映画の本質そのものに、こうした効用を期待している。映画は新たな移ろいや新たな装飾模様《アラベスク》を白日のもとにさらし、色調と色価とに、光と影とに、形態と運動とに、意志とその身振りとに、精神とその具体化とに新たな調和が宿ることを絶え間なく繰り返し、啓示している。芸術家ならば誰もが押しつけられるか勧められるかされる「主体」なるものが、芸術家を隷属するなどもってのほかである。信仰が芸術家を導くというのであれば、「主体」はむしろ芸術家を絶えず解放してきた。主体なるものは、彼らの精神に無意味な探求をさせることなく、知的かつ情動的な資源のすべてを内的映像の実現に向けさせるが、この「主体」はそのとき内的映像の枠組みとなり、糸口となり、飛躍台となる。個人主義者が、集団作品を作るという目的に向かって集団のうちに巻き込まれるとき、個人主義の名に傷つくようなことがあるとすれば、それは個人がそこで増大するかぎりにおいてのことである。現に、このような集合的作品——映画であれ建築であれ——を前にする個人が置かれているのは、オーケストラの匿名的な力のなかに入れられた演奏者の状況と似ており、その演奏者はみずからの個性と直接連動するかたちで、オーケストラの力を増大させる。もし映画が個人主義かられわれを解放しうる社会の一体的な応力に奉仕し、社会を一つにまとめるこうした応力の発展を保障するべく、個人の精神的資源の一切を刺激し使用するのだとすれば、映画を比類なき交感《コミュニオン》の道具と見なすことはあながち間違いではない。少なくとも、大いなる建築以来、映画に匹敵するものは現れていない。人類はかつてこうした交感の道具をその手中としていたのである。

殺す者あれば、それに殺される者がある。絵画は荷物をまとめて退場してもよろしい。皇帝芸術としての役目はすでに終えた。むろん、現在もなお真正な画家はいる。ここで老婆心ながら言っておくが、私は彼らのような存在がいることを喜ばしく思う。というのも、真正な画家の大半はまさしく映画を愛し、その影響を受け、大胆にも映画への道を開くことをいとわないからである。こう主張してみることはできないだろうか。彫刻と絵画における偉大な名匠たち——インドやクメールの芸術家、それにフランス中世の彫刻家をはじめ、より近いところでいえばティントレット、ミケランジェロ、ルーベンス、ゴヤ、ドラクロワは、流れゆく輪郭線のなかで、表面が盛り上がり動くさまが途切れなく続くことを追求した——は、映画を予感していた、と。キュビスムはどうか。神はキュビスムの魂を持っている。くたびれ果てた絵画が古き三次元のうちに表現した旋律を、複数面で同時に展開するリズムを捉えること——これぞ、動きゆく映像の定義である——に置き換える試みを、キュビスムと呼んだのではなかったか。ピカソはそのたぐいまれな描写力を捨て、いわば造形におけるエッセイストとなり、複合的韻律のたゆまぬ探求へと乗り出したのではなかったろうか。一つの面では韻律を組み合わせるなど実現すべくもないが、韻律は暗示の上ではきわめて豊かに絡まり合う。マティスは装飾画家で、たいていの場合はイーゼル絵画の画家にとどまったのかもしれない。だが彼は、絵画の古き規範に取り入れられなかった表現へと道を開き、自由な空間に色彩の歌を響きわたらせることに挑んだ。ほとんど形態による支えもないなかで、それに取り組んでみせた。映画における撮影や照明の自由気ままな動きは、その近い祖先をマティスに見出すのではないか。ルソーやユトリロといった素朴派《プリミティフ》は、絵画の革新を唱えることはなかった。だが、魂が純粋さへと呼びかけており、私が思うには、麗《うるわ》しき未来の訪れを予感させる。スーティンのなかでは、ある精神性が萌芽状態のまま有機的に組織されている。その精神性はあまりに完璧で、豊かで全体的であるために、個人的なものを超越し、それ自体のみで全般的な徴候となりおおせている。結局のところ、分析という行為のなかに四散した印象派は、旧式の絵画に終焉をもたらした。ルノワールはおのれに抵抗しながら、そこから導き出される音楽的で汎神論的な結末を描き出し、透明な空間のなかで途切れなく渦を巻く形態を出現させた。またドランは、古き絵画の孤高にして濃密でありながら音楽的な肖像を、さながら記念碑の銅像のように描いてみせた。セザンヌはルノワールに先駆けて、印象派にみられる個人主義の流れを遡った。だが新しき神秘の現れを感じるとそこから離れ、非人称的芸術——色彩の建築、強く対照の付けられた量塊《マッス》、強固に築かれた面——の素描を描くことを選んだ。それは、絵画においてもっとも早くなされた予感を伝えるものである。民衆はいままさに一体となって、創造を呼び込む力強い予感を感じはじめている。

2

最近、戦争〔第一次世界大戦〕の始まる以前に作られた映画を見せられたとき、私もご多分に漏れず笑ってしまった。だが思い出してみるに、戦前の作品が映画の達成を示していた頃もそのうちの何本かを見たことがあるが、当時は笑わなかった。いや、笑う者など一人としていなかった。一体なぜだろうか、と私は自問した。

当時は演劇に教育を負っていた。俳優の演技は、普通とはいわずとも、舞台上で幻想をかき立てるに必要とされる視覚効果に適したものと思われた。映画は生へと目覚めながら、思いがけない光のなかを懸命に進んでいた。みずからの土台を堅固とする前に、すでに二十回も廃墟となった骨組みが瓦礫となって横たわるなかをつまずきながら歩んでいた。そして現在行われているように、映画の基本方針を舞台に求めていた。生成変化してゆく映画の神秘は、感じられてさえいなかった。その手法も目的も、写真に喩《たと》えられていた。要するに、それは演劇と変わりなかった。広く知られた映像に生気を吹き込む能力を授かったカメラによって見られた演劇だったのである。映画製作に携わる者は信念を抱き、映画にいろいろと手法を植え付けようと精を出していたが、映画はおのれの力でもってその潜勢力を発見することで、そうした手法の無意味さを、ひいては滑稽さをおのずから見せてしまった。映画は、裸眼では捉えようのない運動や陰影をかくも巧みに摑みとる。映画のそうした能力が人間の目に見せたのは、映画が少しずつ知性に押しつけた粗雑な慣習の数々である。映画は俳優が身振りを十分に強調することを強く促し、舞台照明が凡庸でも、観客と舞台とが離れていても、演技が観客の心を打つのを妨げることがないように取りはからっていたわけである。われわれの教育方法は、かくして理にかなった反転をこうむった。今日では映画の方が演劇に影響を与えている。いや、そればかりか映画は、絵画に、彫刻に、ダンスに、建築に影響を及ぼしている。文学に、そしてなによりも写真に、映画の影響が顕著である。表情の動きと身体所作に力強い立体感をもたらしうる映画は、表情と身体の動きにその威厳を与え返す。演技の慣習――平静《スタティスム》を旨とする写真と演劇はみずからを活気づけるために、こうした慣習を必要としたのだが――を粉砕し、捉えどころなき控えめな現実の躍動《ディナミスム》を上位に置く。何人かの監督の作品においては、〈スローモーション〉が啓示する崇高な美が、二十五年前の作品と変わることなくいまでも笑いを引き起こす。それはむろんのこと、知的均衡が突如として破れることに起因する。あるいはより正確を期すならば、そうした知性のバランスに基づく慣習が崩れるために、笑いが生まれる。彼ら何人かの監督の作品では、そこに見られる光景を支えるメカニズムは太古からあるにもかかわらず、そこでリズムが突然に変化する。映画はわれわれを無限の幻想から解放する。いや、無限の嘘から解放する。われわれは、映画の速かったり遅かったりする速度に誘われるがまま、個々人に備わる理解力に従って、幻想の解けた世界へと導かれていく。まやかしのない世界を手中にしながら、それでいて、その地獄の果てに現れる夢をも手に入れていく。映画は新しい言語を教えてくれる。それも、かくのごとき豊かさと複雑さでもって、われわれに教える。断言してよかろう。この言語の有する財産が使い尽くされることは、未来永劫ないだろう。

私は、社会運動の役割について、それとなく言及した。今日ではロシアに象徴されるような社会運動である。映画はレントゲン写真にもまして、集合的リズムを奏でる際に主要な道具となるように思う。ロシア映画はすでにあの深淵を思わせる。ドストエフスキーが延々とたゆたいつづける波紋に乗せて分析することで開拓してみせた――そして、ときにはほのかに灯る優しい光が突然に差し込み照らし出した――あの深淵である。かつては想像だにしなかった顔の陰影と反映とが、千と一つある。照明が動きゆく形態を撫でながら彫刻を施していくなかで、わずかな色価《ヴァルール》が、千と一つある。新たな空間が突然開いてゆっくりと展開し、また突如として閉まるなどして、千と一つある。ほのかな光が止めどなく湧き上がっては立ち消え、絶えず変容を促して、千と一つある。風景や人間や群衆のあらゆる様相が、思いがけない仕方で、千と一つある。いわゆる活気なき世界の振動が、千と一つある。以前は知覚しえなかった世界の振動は、現在の知性には人間と事物とを繋ぐ架け橋と見えるやむことなき震えに毎秒ごとに加わり、千と一つある。もしボードレールが誉れ高き冥界からわれらのもとに戻ってきたならば、人間の能力のうちでもっとも「科学的」なものを想像力に見出し、「普遍的類比関係」を捉えることのできる能力がそれを可能にすると考えたボードレールのことだから、こうした素晴らしい予感がまさに科学の力によって実現していく事態を逃しはしないだろう。私はあるときドキュメンタリー映画のなかで、撮影技師が同胞によって撮影された映像があるのを見て、そこで獲得された映像の美しさに不意を突かれたものだった。[1] なかでも技師の抱えるカメラが別のカメラによってすっと捉えられており、それは夜景の映されるなかで透明に輝いていた。まるで真珠が敷き詰められた海底のようだった。銀の糸で織られたビロードの箱のようだった。偶然の産物である。おそらく数多くの映画作品のなかで――例えば『奇傑ゾロ』(フレッド・ニブロ監督、一九二〇年)は、ベラスケスとゴヤとマネとが神懸かったように協力したものと見えた――、画家の天才による空想でしか実現不可能と思われていた効果が、完璧な技術力と照明の機微によって機械的に生み出されている。それに比べれば、画家の存在は視覚と精神における一般より優れた感性を証すものでしかなかった。「偶然の産物」と私は言った。こうした偶然が絶えず繰り返されることで、映画はわれわれの前に現れ、映画は映画自身の前に顕現する。われわれが映画に教えることなど一つとしてない。われわれは映画からすべてを学ぶのである。映画の命じるがままになろうではないか。

実際、映画の物的側面における自動性《オートマティスム》こそが、そこで生み出される映像の内側から、かような新しい世界を現出せしめるのであり、映画は少しずつ段階を踏みながら、人間の知的側面における自動性《オートマティスム》に、新たな世界の存在を認めさせる。つまり、目も眩《くら》まんばかりの光のなかで、人間の魂はおのれの作り出した道具に服従し、道具もまた人間の魂に服従するという事態が訪れる。技術と情動は、いつでも逆転可能である。われわれの前にあるのは、超越的一元論である。超越的一元論という考えは客観的に論証済みであり、それによると、詩的感情は具体的発見と機械的現象とを養分に育ち、具体的発見と機械的現象は、詩的感情のなかに、汲めども尽きぬ刺激を見出す。機械はけっして介入することなく、確認をする。しかしそれと同時にそっと提案をする。機械は対象に何も付け加えず、ただ記録するだけだ。ところが、機械はそうすることで、精神を形作る諸要素が無限に絡まり合うことよりも、精神を評価することを上位に置く。またそれによって精神は、新たな現実を付け加えるための方法を完成の域へと至らしめ、こうした新たな現実を支えとしながら、新たな仮定と新たな関係へとそびえ立つのであり、新たな仮定と関係とが孕む複雑さは、複雑さ自身から絶えず生み出され、際限なく増長していく。科学は、葡萄《ぶどう》をワインに変える圧搾機にほかならぬ。偉大な物事にはつねにつきものだが、映画は、それを発明した者の目的をすでに大きく越えている。映画発明以前に人類がなした唯一の重大な発見といえば、火であり、それは物的文明全体の中心となった。要するに、映画的精神の歩みは、幾何学のある命題が別の命題を必然的に生み出すのに似ている。こうした幾何学命題の自動性《オートマティスム》は知性の視界を広げ、知性がすべてを征服する方向へとますます近付け、知性の限界を疑うことを禁ずる。そう、奇跡が起こったのだ。われらの感性が凱旋を果たすことで、人間の魂の神秘的で抒情的な領域はこういった征服の力をわが物としつつ、また一方で知識に酔いしれるがままに、生気を失うことなく愛の創造に組み込まれる。

3

私が映画をめぐって繰り返したのは、よくある戯れ言にすぎない。われわれはかくも長い間、表現様式をきわめて限られた形態に留めおいてきた。絵画、彫刻、音楽、建築、ダンス、文学、演劇である。写真もこの列に連なるだろう。みなこぞって、映画《シネマトグラフ》をこうした形態が担う表現様式のもろもろになぞらえた。映画もまた、みずから進んで既存の表現様式を取り入れようとしていた。当初は、多くの者が映画を演劇の派生と見なし、またほかの者はあるいは音楽と、あるいは造形芸術《プラスティック》一般と結びつけた。私は、映画を造形芸術に連ねる三番目の立場だった。むろん私はいまでも、〈映画《シネマ》〉は視覚を通してやってきたわけで、造形芸術について知ることが、映画の理解へともっとも巧みに備えさせると考えている。しかしいわば、それだけの話である。[ii] 映画は絵画ではない。彫刻でもない。建築でもない。ダンスでもない。音楽でもない。文学でもない。演劇でもない。写真でもない。映画は単純に、映画なのである。これら八つの言語がそれぞれに異なっているように、映画はそのいずれとも異なるものだ。われわれは映画とそれら八つとの類似点を見つけようとしている。まずは、すべて一体となってか別個にかにかかわらず、諸芸術によって従わされている慣習のうちに、そして次には、皮質の反射神経のもっとも無意識に眠る中枢で、映画と諸芸術とが共感覚的に取り結ぶ関係のうちに、類似点を見出そうとしている。映画となると、われわれの感覚をこれまで組織してきたすべての芸術がその都度引き合いに出されるとは、映画のもたらした奇跡とすらいえる。映画はいずれにも属さない。映画はすべての芸術を含み、秩序正しく調和させる。映画はみずからに潜在する力によって、すべての芸術の潜勢力を増長させる。留意していただきたいが、私がここでしているのはあくまで可能性の話である。視覚交響楽は、こちらから差し出すべき手助けを絶えず静かに訴え、同時にそれを強く要求もしながら、われわれの目の前で独自の組織化を果たしていく。

　映画は、われわれが手にする表現方法のうちで、人間を世界に再び組み入れる第一にして唯一のものであるばかりではない。人間が時間や空間や大気や光や形態や運動と実際に取り結ぶ永遠の関係を、人間自身に取り戻させるのである。[2]映画が世界の立てる物音や吐息を捉えるようになり、人間は聴覚と視覚の交響楽を奏でることが可能になったが、映画が示したのは、〈作者〉の場所は普遍的交響楽の受容とその指揮二つをともに束ねる中心にあるという事実以上のことだった。映画が少しずつ教えてくれているのは、われらの声をいま一度〈存在〉の全体性へと沈め込むことである。それはつまるところ、われらの声を――おのれの役に甘んぜよと強いられている以上――数えきれぬ夥《おびただ》しい音響と映像のなかでもっとも控えめなものの一つと見なすことだ。無数の音響と映像こそが〈存在〉それ自体から群衆の魔術を作り出し、その魔術のなかで映画はおのれの爆発が実現される真の姿を探し求めている。映画は初めて人間の声を使ったときに驚き、何歩か後ずさりして、新たな領野を見据えようとしたかのようだった。映画は演劇に近づきすぎたがために、その分、彫刻から、絵画から、音楽から、ダンスから遠ざかった。映画は、彫刻や絵画や音楽やダンスを見失わぬよう努めねばならぬ。彫刻、絵画、音楽、ダンスといったものは、映画が形態や移ろいやリズムや運動を忘れることをけっして許しはしない。映画がそれらを忘れてしまえば、そこには死があるのみである。だが、映画はみずからのうちに、おのれを解放する手立てを持っている。映画が存在する、ただそれだけのことで、素晴らしき力が映画には保証されている。映画のみが所有するこの力によって、映画は人類における普遍言語を体現し、言葉がまだ至らず、またおそらく今後も至ることのない普遍言語へと、日に日に変わりつつある。映画は自分では気付いていないような素振りで、演劇の新たな形態[3]をまたたく間に撒き散らし、台詞のある見世物への愛情から映画をいまだに演劇の一種と見なす者らにも変わらず供されていながら、まったく同時に、言葉を中心原理としてではなく、補助的な手段としてわが物としていくだろう。映画は理解することになる。声が優勢となれば、われわれは視覚的要素の組み合わせに備わる美を見るのをやめるだろう。オペラが今日、ワグナーが誤った道を歩み、舞台装置を強調するあまり、音楽によって示唆するという美徳を弱めてしまったことを認めているように、である。海の騒ぎ声、風のうめき声、雨の歌、鳥の鳴き声ばかりではなく、群衆の、工場の、作業場の、駅の聞き取りがたい喧噪やささやきといった、音響という音響が映像の展開に調和する伴奏となり、感覚間を繋ぐ動きとなって映像の展開の意味を強めていく。またその一方で、無声映画の字幕を継承した台詞による説明が目の注意をそらし、耳の注意を喚起していく。映画は、物語や会話や独白を映像に従属させることによって、初めて何かを示唆する力を見出し、新たにその力そのものになっていくのである。映像を台詞や物語に従わせていては、それは実現されない。チャーリー・チャップリンが沈黙のなかに永続的に組み入れてみせたのは、誰もが知る深淵から放出される外的反映の夥《おびただ》しき多様性であり、感覚や感情や観念が、いやそればかりか、精神の抽象力や、精神が形而上学的かつ抒情的に建立された姿もまた、源泉であるその深淵で互いに作用し合っている。短い会話が、一つの単語が、うめき声が、叫びが、雑踏のなかからも自然のなかからもあちこちから聞こえてくる。言葉は、普遍的な劇《ドラマ》のなかにみずからの動きゆく場所を見出し、みずからが変化することを悟っていくだろう。

映画のなかにただちに見出されるのは、十九世紀末に扱われた哲学的直感が具体的に実現されているさまである。映画は、空間の平坦な限界のなかに持続を投影する。私が言いたいのは、つまり映画は持続から空間の一次元を作り出すということであり、かくして空間には、精神がもはや受動的でなく能動的に協力するという、新たな、そして膨大な意味が与えられる。映画の発明以来、映画のおかげで、デカルト的空間はいわば地形図としての価値しか持たなくなった。現に、少なくとも二つの平面が交わっている。科学者や哲学者が互いに交わることはないと考えてきた二つの平面が交錯している。映画というこの芸術に比類なき尊さが与えられるのは、まさにこの点である。また同じくこの点において、映画はその他の芸術から絶対的に独立した位置に置かれるとともに、映画がいかなる物理法則でもってその他の芸術と結びつくのかが明らかになる。むろん、映画はその手段を機械に頼ることで写真と同じ出発点を持つと解するのはなんら難しくない。また、映画が集合的な舞台芸術《スペクタクル》として、感情面および社会面での責務を日に日に負うようになっている点では、演劇と結びつくと知るのも容易なことである。さらにいえば、映画は文学から題材を多く借り受けると同時に、文学を様々な方向へと導きもする。そして、映画が遠からぬ未来に知性の視覚的骨格を支える構造を樹立し、これまで建築の担ってきた役割を背負っていくことも、ただちに理解されるだろう。だがその役割は、持続のなかで動くのであるから、これまでと違って動的なものとなる。この点だけをとっても、すでにわれわれの精神の運動に重大な修正をもたらしている。今も昔も建築たるものは空間のなかに立てられ、それゆえにおいて、静的であるというもっとも明白な要素を知性に保証していた。つまり映画とその他の芸術とのもっとも密接な類縁関係は、まさしくこの点に求められる。映画は、不動の造形芸術のように空間に依存するとともに、音楽のように時間に依存する。映画は、主題を律動的に展開させることによって、音楽と地続きとなる。いまだにこのリズムは定義しがたいものの、すでに何本かの映画作品に容易に感じ取られる。第一に挙げられるのは、チャーリー・チャップリンの諸作である。もちろん私はダンスにこのような性質のあったことを知らぬわけではない。だがダンスは、踊り手がいなくなれば、たちまち消え失せてしまう。ダンスは固定されない。それを固定するには、まさに映画という媒介が必要になる。実際、ダンスは映画と同じく運動のなかでの調和を体現しながら、この分子の世界を演劇以上にあらわとするわけではない。分子の世界なぞ、かつては想像だにしなかった。しかしこの分子界こそが、視覚空間の限界を越えたさらにその先にまで、映画的運動の途切れなき波動を延長してゆき、空気のざわめきと光の揺れ動きが切れ目なく充満する大気のなかに、行動する量感《ヴォリューム》を浸らせる。映画とは運動の建築であり、歴史上初めて、時間のなかで結びつく視覚の諸感覚によって、空間のなかで結びつく音楽の諸感覚を目覚めさせてみせた。つまるところ、映画とは、目を通してわれわれに触れてくる音楽である。

もし絵画について、客体――視覚的要素のすべてを供給するもの――と主体――精神的要素のすべてを供給するもの――とが可能なかぎり一体化する精神の領域に絵画が住みつくと考えられるのであれば、映画については何と言うべきか。というのも、映画ではこうした一体化が自動的に行われ、そこでは持続と空間とが互いに互いを高め合いながら、それぞれの表現力を結集させていくからである。この点はなにより強調しておかねばなるまい。映画を頑なに否定する者は少なくなかった。なかでもデカルト主義という名の麻酔をかけられた知識人や哲学者だ。デカルト主義は精神に素晴らしき習慣をもたらしたが、それはむろん、その限界を周知したうえでの話だった。映画はいまだ知られざる詩的世界へとわれわれを誘い、その旅路に同行するさだめにあって、もっとも厳密な科学的方法をみずからの出発点と表現手段とする。映画は、客観世界のもろもろの秘密をこの上ない正確さでもって記録する機械設備を、宇宙と精神を媒介するものとして使用する。この点については後ほど詳述するが、私は火の発見でさえ、これほどの重要性を持った出来事だったとは思わないのである。なぜなら科学が、不確定で無限の知られざるものを生じさせたのは、これが初めてのことだったからだ。この未知なるものは、独自の仕組みを作動させることで、われわれの周囲を新たな調和で取り囲んでいる。新たな調和といっても、新しいと同時に、かつてわれわれを慰めたものと連動する調和でもあって、その構築力がまさにいま現実にならんとしている。いまわれわれは、科学と詩とが自発的に協調するさまに立ち会っている。物質界と精神界とが親しく一体化するさまを前にしている。いま目の前で、空間が持続に呼びかけている。持続が、久遠の過去と切迫した未来とから、持続を正確に位置付け、持続自身が絶え間なく定義しつづける動的な狭き広がりへと向かい集中していくように、空間が呼び声を発している。われわれはこのような事態を前にしているのだから、新たな形而上学が、いやより正確にいうなら、新たな世界が現れていると信じていいのではないか。

4

形成途上にあるこの世界の生ける中心に身を置いてみよう。それはさながら星雲のようであり、密度はいやますばかりで、抗《あらが》うことのできぬ力に身を任せながら、生成変化への道を急速度で進んでいる。この中心に近づくべく、あの〈スローモーション〉に従って、この動きゆく要素を一つ一つ解体してみよう。スローモーションによって、走る馬や犬の筋肉が蛇のごとき忍耐でもってうねり動くさまが、ボクサーや踊り子が流れる大気のなかを悠然と泳ぐさまが、飛びまわる鳥や虫の荘厳な踊りが、嵐にかき乱された水の波打つ愛撫が、鉄砲の弾丸が細心に成し遂げる粉砕が、剥き出しになる。視覚的に調和が実現されて見えるのは、その重心を永遠に探し求める過程で均衡が訪れたからにほかならない。スケート選手やトンボは動きゆくなかで、切れ目のない滑らかさを披露する鮮やかな曲線の所行を描きながら、この中心を追い求めている。運動から絶えまなく逃れつつ、運動につねに見出されるこの中心を。つまり、精神界はしきりに外界を分析しようと躍起になりながら、外界の有する矛盾と外界が繰り広げる闘争との両者を繋ぎ止める重心を、抒情のなかに、観念形態の統合のなかに、沈黙の傲慢のなかに見出そうとしている。そのようにして、精神界の諸法則さえもが外界によって明るみに出されてゆく。また、次の瞬間には、植物の生長を見せる〈クイックモーション〉が、潜在意識による分離作業の外側の映像を見せてくれる。もはや、映画という劇《ドラマ》とそれに付随する問題に対して映画自身がもたらす絶えざる解決策とのなかに、精神の悲劇に備わる密接な照応関係を見出さずにいることはできない。一つの躍動《ディナミスム》がまた別の躍動《ディナミスム》を正当化している。これまでわれわれはそれを固定するようにと道徳から声高に命じられていた。また他方で、情熱に自覚的な学問領域は、われらの現実の潜勢力に叶うべくそれを使うよう、静かに助言していた。何人かの詩人や画家や音楽家や哲学者や科学者は、多大な努力を払ってそれを伝えようとしていた。しかし誰が、彼らを理解したろうか。

映画は機械により作られるという一事でもって、われわれに教えてくれる。劇《ドラマ》とは、万有の果てしない運命である、と。そして均衡の探求もまた、このドラマによる条件の付与と解除とを交互に享受しながら、万有の果てしない運命となる。偉大な魂という魂を昔から定義してきたのは、こういった事実の発見である。しかし慰めとなるのは、これまで秘密とされてきたこの万有の運動のなかに、つまり数学により同一のメカニズムが明らかにされたこの万有における分子と天空の運動の外に、確実性によって偉大なるもろもろの魂を平和へと導く不安の賛同が見出されることだ。世界のうちでは一切が不動ではないのであれば、すべてのものが運動によって不動の外相を目指す。不動とは原子の確実性であり、原子がおのれの平和と信ずるところのものだからである。なんの変哲もない映画的運動のリズムを断ち切り、写真を投影したときの不動性を考えてみたまえ。かつてはそれしか知らなかった。しかも、それに不快感を抱きもしなかった。それほど死に慣れきっていたわけだ。だが、もしいま映画を止めて投影しようものなら、忘却の淵から恐ろしき事態が到来する。あたかも鉛が波となって、打ち寄せ砕け散るかの様相を呈している。反対に、映画に撮られた無気力な物をスクリーンに掛けてみよ。例えば遠くに霞む木の梢やら、海の描く水平線やら、街の眺望などである。投影するや、ただちに覇気のなさは消え失せる。誇り高き魂から、教養と規範につきものの覇気のなさが消えるがごとくである。そよ風が通過する。わずかなしずくが人知れず滑りゆく。暖気が、雲が、煙が、埃が、感じ取れないほど微かな動きを見せている。すべてが揃って軽やかな音を立てて活気づき、われらの内部における途切れなき運動に神の慰めが与えられる。視覚空間は、魂の不可視空間がすでにしてそうであったわけだが、無限に増殖していく。かつて動かぬものであった広大さが、震動する。映画の物的装置が自家薬籠中のものとする組み合わせの果てなき自由——例えば二重焼付けやカメラ・アングルの限りない多様性——は、新しき世界の到来をすでに象徴している。海が群衆の上をたゆたい、砂漠に押し寄せる。車輪とピストンと連接棒とが制御できぬほど荒々しく戯れ、機械のリズムがコーラスガールが踊る官能的リズムといともたやすく調和する。でっぷりとした腰や肉付きのよい手足の動きを通して見えるのは、ハンドルの一瞬の煌《きら》めきであり、目も眩《くら》む車輪の回転が発する青く震える光輪であり、電気の妖精や金属の鬼が拍子を取った稲光である。ガレー船や木造帆船や大型貨客船やヨットが、汽車や人力車や駱駝や馬が走るなかを運行している。原始林に生息する象や大蛇や虎に混じって、透明な亡霊が見える。映画は、抒情的想像力と霊性に許されたありもしない創造に、現実の確固たる支えを与えるのである。

　唯一映画のおかげで——というのも、学術理論は群衆に対して鈍感であり、心に訴えることがないのだから――、ますます明らかにならんとすることがある。文学や音楽や絵画による支援の甲斐もむなしく、われわれはいまだ不連続な断片によってしか、この世界の真の相貌を知りえていないということだ。世界の真の相貌は、われわれと時と場所をともにしながら、倦《う》むことなく、複雑かつ生き生きと成り変わる、生成変化なのである。今後、進化し変動するこの入り組んだ世界の現実が、それを精神に伝えることのできる視線を一瞥《べつ》するだけで、また、光や太古における決定や永遠の運命や普遍的調整といった無限のなかで死んでいくもののように迅速に下される総合的直感によって、そのまま捉えられるようになってゆく。何を言っているかというと、かつては切り離しえた断片ですら、連続する世界のなかの連続する世界として現れるということである。誰もが驚かされたのだった。いま脳裏に浮かぶのは、カンボジアの踊り子たちの舞台を見たあとに、それを再度映画で見たときのことだが、周知の全体が、スクリーンという増大せしめるフレームのなかで切り離されたった一つの部分となりながら、スローモーションを用いることがなくとも、単一の視線に供されることが判明したのである。口も手も筋肉も、それらの役割は肉眼で見る見世物が有する短縮されすぎだが一体化した運動のなかに消えてゆき、口や手や筋肉はそれ自体で不足なき完全な劇《ドラマ》へとひとりでに成り変わる。その完璧なドラマを構成するすべての物事が、全体の均衡を維持しながら細部の均衡へと向かっている。世界のこの新たな相貌を変更できぬよう固めるなどもはやできぬ相談で、諦めねばならない。この事実を示す方法自身が、その本質からして、有限で固定したものをすべて締め出しているからである。だが、空間における多様な相貌と持続における相貌の絶えざる変化の総体が、われわれの精神生活に関与するのは、これが初めてのことなのだ。知性の征服は安定したものとなり、未来永劫消えることはなく、知性を勝ちとることは精神がおのれの光のなかを休みなく上昇するために必要な段階でありつづけるだろう。そのような段階へとわれわれを至らせるべく、この新たなヤコブの梯子が目の前にそびえている。しかしいま持たねばならぬのは、精神機構の実体のなかに固定された内密な概念である。精神の休息と見えるのは単なる均衡状態にすぎず、この状態の内的動力は、断ち切られることのないように、今後人に知られることはなくなっていくだろうということを、把握しなくてはならない。

われわれは心の襞という襞によって外にある事物の現在に繋がれており、また外的事物の現在は、目で見ることのできるおのれの現実によって、その過去のこだまとその生成変化の飛翔のなかにわれわれを導いているのであってみれば、われわれは、同種の方法がもたらす新しい奇跡によって自身の記憶の具体的運動に潜り込むことができる。たとえば、このように考えたことはあるだろうか。『キッド』（一九二一年）のあの少年が情動の動きでもってみずから活気づけた作品を、その間に一度も再見することなく二十年後に見るならば、あの作品の感動は何になりうるのか。当時は四、五歳だったわけだから、与えられた演技のことも演じたときの状況のことも、すでに忘れている可能性は大いにある。あるいは、失われたかつての人生が帯びる夥しき哀愁を感じることはないだろうか。記憶より確かな資料の助けを借りて、かつての哀愁が一片の欠落もなく完璧な状態で夜の底から浮上し、途切れない断片が目の前によみがえることはないだろうか。私はあえて時間を遡り、こうした光り輝くまばゆい暗闇のなかに沈もうとしているのではない。もしくは、二十年前に愛した女性が、目の前で生き返るのが見えないだろうか。かつて愛した女がすぐ隣にまだ生きている。二十年前、彼女から突然引き離されたとき、死ぬほどの思いに駆られたのではなかったか。また別の例を出すなら、死んだ子どもが生き返るのが見えはしないだろうか。映画はすでに知性の領域に入っているとはいえ、われわれの魂のほんのとば口に触れたにすぎない。映画が呼び起こす新しき世界はみずからを反射し、われわれの姿をわれわれのうちに映し出してみせる。このことに思いを馳せるだけで十分である。風聞による沈黙の交響楽やら、われらの喜びと苦しみとやらを――怠惰な精神からか勇気の欠如からか、理由は定かではないが――予告する愚を控え、そのかわり、無限と永遠のはるか彼方までそれらを広げて深めてみせようではないか。

われわれは魔法の映写幕の上で、すべての森、すべての海、すべての砂漠、すべての街、地底に潜む不気味なすべての動物、すべての人間と会う約束を交わしつつ、映画がそれらの間《あいだ》にかつ内《うち》に存することを示し、われわれの間《あいだ》にかつ内《うち》に呼び起こしてみせた調和の数々でもって、それらが相互に織りなす関係を組織したのである。だがそれは、われらに約束された征服の始まりにすぎなかった。天体に打ち勝ち、また暗闇に沈む寥廓《りょうかく》たる広間に据えられた光の小矩形の上にこちらの呼びかけに従って踊りにくる、見ることの叶わない分子に打ち勝ったとしても、われわれが満足することはないだろう。精神界が見せる内的展開の明かりのもとで、いわば汎神的な生を現出せしめねばならぬ。汎神的生における秘された移ろいは、世界の一見して無気力なありさまから映画が絶えず引き離してみせる、あの可視的移ろいのすべてに、われわれの実体を結びつける。それは、たとえすべての神が死んでも希望することさえ禁止されているようだった、新たな忘我《エクスターズ》の条件である。もしわれわれがそれを理解しようと望むならば、映画は、瀕死にあって炎が消えぬよう糧を求める宗教的感情を蘇生し絶頂へと至らせる。世界が有する無限の多様性が、その統一を解体する物質的方法を人間に与えたのは、これが初めてのことだ。普遍的交感を深めるには幾ばくかの善意があればよく、そのきっかけはあまねく与えられ、尽きることを知らない。ことさら否定するまでもあるまい。「魂」を、そう、いつものごとく「魂」を引き合いに出し、「物質」と対置するなど、もってのほかである。魂がおのれの壮大なヴォールトを確固たるものとするのは、地の深みより一息に伸びるリブが交わる、その交点においてでしかありえない。まさしくパンとワインのなかで、精神の肉と血は生きている。

（一九三四年）

原注

1　私は単に驚いたのではない。急襲されたがごとく不意を突かれたのである。

2　この点については、『ラ・グランド・ルヴュ』誌（一九三〇年十月）に発表された、ジョルジュ・ビュローの素晴らしい記事に注意を促したい〔当記事は「新たな空間の征服――映画」と題されている。ジョルジュ・ビュロー（一八九二－一九五二）は、エリー・フォールの薫陶を受けた弟子筋の人物で、著述のほか、アベル・ガンスの助監督なども務めた――訳者〕。

3　まず演劇版を見て、その後に映画版を見てみると、『マリウス』〔マルセル・パニョル作の戯曲。一九二九年にパリで初演され、一九三一年に映画化された。監督はアレクサンドル・コルダ――訳者〕は、映画が演劇を滅ぼすどころか救うことを教示してみせた。なまりのあるしゃべり方、奥行きのある立体感、建築の荘厳さ、超越的リアリズム、いささか象徴的な側面といったすべてが、同じ場面によってスクリーンによみがえり、同じ俳優によって銀幕上で繰り返される。すると、そうした一切が生々しい現実感をともなって、この上なく生彩に欠け、ふやけて曖昧模糊とした舞台の上に現れてくる。映画の奇跡とは、演劇が仮面や厚底靴など舞台上での幻想を生み出すあらゆる道具を放棄することで忘れてしまった、劇表現における偉大なる非人称性を復元してみせる点にある。映画はその手段を機械に頼り、人間の力能を倍増させる。機械は、それまで隠され捉えることのできなかった力を、知られてさえいなかった力を人類に解き放つのである。

訳注

i　初出は『新ヨーロッパ』第五一九号（一九二八年一月二十一日）に掲載された論考だが、本稿はその後に長い時間をかけて何度も書き直され、『モンド』第二四号（一九二八年十一月十七日）や『ムーヴマン』第二－三号（一九三三年七－八月）に修正版が発表された。本書所収の「S・M・エイゼンシュテインと未来の映画」と「映画の知

Ⅱ

的役割」にもここからの引用が見られるように、フォールは本稿に自身の映画論のエッセンスを詰め込もうとしたかのようである。翻訳は、『確固たる影　具体美学試論』（エドガール・マルフェール出版、一九三四年）に収録された最終版による。

ii　エリー・フォールは、かつて「映画造形《シネプラスティック》」なる造語を作り出し、映画と造形芸術とを直接に結びつけていた。本書所収の論考「映画造形《シネプラスティック》について」を参照のこと。

映画の知的役割[i]

1

注意深く観察する者ならば、作品の質の良し悪しにかかわらず、また劇映画や科学映画や記録映画といった種類にかかわらず、まったく独創的な芸術の特徴の数々を映画に見出さずにはいられない。しかも留意されたいのは、昨今の時代は文化が多様化し、新たな文化が矢継ぎ早に現れる時代であって、われわれに伝わる表現形態などあらかた使い尽くされたかに見えるにもかかわらず、という点である。動く映像がわれわれの目の前に現れたのは、必然の出会いによるものだった。あるいは、映画《シネマトグラフ》を生み出した機械文明が、それと同時に、観念と習俗との出会いをことさら早めたのではないとすれば、偶然といってもよい。動く映像が現れたのは、こちらの習慣からは想像もつかない芸術形態——カンボジアやジャワやメキシコなどの建築と彫刻、とりわけアフリカやポリネシアの彫刻——が、われわれの確固たる美学的知識に揺さぶりをかけ、魂のなかに疑いを、心のなかに不安を抱かせたときと一致している。それはまた、同様の名目でもって、破壊と再建が経済現象が捏ねあげた精神において大々的に成し遂げられたときとも一致する。そのとき、いわゆる「文明化された」人々の多数のなかで、また思考と活動のあらゆる領域において、個人の能力と目的が後退するのではなく、集団の力と必要とがいま待機しているのだという観念が浮上する。そして、まったく新たな命令とはいえぬまでも、更新された命令が下される。こうした力と必要に対応する表現形態を想像せよとの命令である。映画は科学の文化と技術の進化から生まれた以上、当然、このような任務を担うべく登場した。原始人にとってダンスと音楽が神話文化を表現するためにあったのと同様である。建築が、諸宗教――バラモン教、仏教、キリスト教、イスラーム――を統合してみせたのと同様である。建築は社会の文化を表現し、その崇高な姿を打ち出していた。

実際、映画に見られるのは、中世のキリスト教建築――私が「交響楽的」と形容する表現努力の例として、映画ともっとも時代が近く内容が近似するものを挙げるならば――が、無数の大衆の全員に例外なく提示してみせた社会的性質の一切なのである。映画は建築のように匿名的なものだ。映画は建築のように、年齢や性別や国を超えて、観客になりうる者すべてに向けられている。映画は建築のように、その言語に普遍性を有し、同じ映画作品が上映される場所、あるいは上映されうる場所は限りない数にのぼる。映画は建築のように、組み立て築き上げるには、個人の能力を凌駕する金銭的かつ人的な資源を求めねばならぬという制約に屈している。映画は建築のように、諸精神の隅々に素早く達するべく、単純かつ一般的な感情にのみ訴えかける。映画と建築の制作手段は互いに似通ったものである。つまり何が言いたいかというと、ほとんどすべての職業集団がそれぞれ協力し合う、あるいは協力関係を築きうるのだ。建築においては、石工と左官とが、作業員とガラス職人とが、配管工と鍛冶とが、彫刻師と設計師とが協力関係にある。他方、映画においては、衣装係と舞台美術係とが、電気技師と撮影監督とが、エキストラと道具方とが、演出家と俳優とが協力し合っている。映像を記録する媒体であるフィルムが標準化していけば、キリスト教社会で二百年の長さにわたって同じ原則を保ちつづけた飛梁《フライング・バットレス》や交差リブと同様の価値をフィルムが担うことになるはずである。封建制の代わりに自治都市《コミューン》と同業組合が登場するほどの出来事が起こっているわけで、労働組合運動《サンディカリスム》の盛り上がりと少数独裁の資本主義のあとを引き継ぐかたちで斬新的に進んでいる交換・生産手段の集産化とのあいだには、社会環境の変化に応じた展開として、奇妙な並行関係が見出される。美しい映画作品とは畢竟《ひっきょう》のところ、そのリズムが醸し出す音楽性とそこで必要とされるスペクタクルとしての一体感《コミュニオン》という点では、ほとんどミサの儀式であり、それを通して目覚めさせられる感覚と動かされる感情という点では、聴衆の群れを聖堂《カテドラル》に津々浦々から集めてみせる「神秘」にも比せられる。映画とは今日においてもっとも「カトリック」的な表現手段である。思想と技術の進歩が人間の手中にもたらした表現手段のなかで、「普遍的」という「カトリック」なる語が本来持っていた人間的な意味を保持するならば、この上なくカトリック的なのである。[ii]

映画が観客のもとへと赴くべく使用するすべての手法には、技術的な性質が備わっている。だが、有象無象の群衆が切望し発散する感情と抒情とを映画が表現せんとするのなら、そこには芸術特有の美質があるものと見ていいはずではないか。当然の道理である。カトリックの聖堂やエジプトやギリシアの神殿の建設には、経験に基づきながらもこの上なく厳密な科学が数限りなく投入されたのと同じように、膨大な数にのぼる正確な科学と的確な技術とが映画の土台であり、映画の方法である。私はここで、よく分からないことがあると告白しておく。一体いかなる理由があって——実際的でなく超越的な理由のことだ——、複雑極まる心理の機微と情緒の動きとが、映像を記録する機械がもたらす発見と要請に屈するのか。なぜ、このような従属関係が、観客の感情の高ぶりの前に越えがたい障害を据え置くことになるのか。定規とコンパスと秤《はかり》は、アテナの市民には、完璧な矩形空間のなかで数字と光が戯れるのを楽しむ自由をもたらし、そこにパルテノン神殿が書き込まれた。また一方、キリスト教徒には視線に動きを教え、ソワソンの大聖堂《ノートルダム》の内部において、石材からなるリブが翼廊《トランセプト》に高い影を落とし、音楽を思わせる韻律でもって影が生き生きとうごめくさまを目で追わせることになった。生命の植物的機能を規則付けるリズムと、星辰界および分子界を支配する数学法則とが一致するとは、われわれのもっとも高き交感《コミユニオン》に備わる美学的かつ倫理的な価値が未来永劫にわたって保証されることの証しではないだろうか。ところで、人間の声とダンスのほかにも、芸術家と芸術家が印象を与えようとする者とを繋ぐ直接的な交信方法があるのをご存じだろうか。表象される客体とその客体の表象とのあいだには、いつも何かしらのもの——人間の産業が作り出した道具、と私は言いたいのだが——があるのではなかったか。彫刻家にとっては、鑿《のみ》やコンパスがそれに当たり、画家にとっては画布や絵筆や絵の具がそれに当たり、作家にとってはペンやインクや紙がそれに当たる。音楽が織りなす調和は、数学的比率で割り振られた鍵盤の上に移しうる感覚の数々に答えたもので、こういった関係をまったく正確に再現する何らかの「機械」を介さぬかぎり、音楽は聴衆に届けられない。むろんときには、種々様々に異なる多数の楽器の合奏を通じてということもあるが、それは、オーケストラ編成のたぐいまれなる複雑さを粘り強く書き写す同じ音符や演奏記号に従って実現される。カメラという撮影機器も同様に、仲介するものにほかならない。カメラの前で展開する無限の変化と素晴らしき複雑さを纏《まと》った光景と、カメラの背後に控える撮影技師とのあいだを介するものである。無邪気にも忘れているだけだ。この機械を作り出し、この機械を補助する人工照明などをも作り出した精神は絶えず介入することを強いられている。間断なく割って入り、詩を形作る要素のそれぞれに強弱を付けて釣り合いを取りながら、その一つ一つを除去し統合していく。同じボールでも「一方がより上手く打つ」と、パスカルはジュ・ド・ポーム〔中世ヨーロッパで考案され、テニスの先駆となった球技〕について語っていた。

2

映画は映像を機械的に記録する。異論を挟む余地ない事実である。だが、その映像を選び順立てるのは、人間でなければ一体誰なのか。映画には、人間の目で直接捉えるにはあまりに繊細な光や形態の移りゆくさまを再現できるという能力が備わり、それによって、人間の目には未知でその存在があることさえ知られてはいない調和した世界の全体像をわれわれに示してくれる。目を経由する脳にとっては、このような調和が物体間の知られざる関係を発見する縁《よすが》となり、またそこから、いまかいまかと待ち受けている想像と抒情とが新たな映像と新たな観念を生み出す汲めども尽きぬ源泉となることを、人間の目は見ようとしない。映画は、多大な貢献をもたらした。もっぱら技術だけを頼りに、色彩間の照応と形態間の類似には「科学的な」性質、いや厳密を期せというなら「客観的な」性質があることを証明してみせた。それぞれの色彩が照応し、それぞれの形態が類似するさまを捉えたのは、これまではごくわずかな芸術家——私が思うのは、ベラスケス、フェルメール、ジョルジュ・ド・ラ・トゥール、ゴヤ、そしてマネである——に限られていた。何本かの映画作品——『奇傑ゾロ』（フレッド・ニブロ監督、一九二〇年）や『暗黒街』（ジョセフ・フォン・スタンバーグ監督、一九二七年）などが筆頭である——はおのれの考えを示しているが、そうした映画作品の提唱する考えはあまりに個人的な見方であるために、理解できる観客の数は作品の数と比べて十分とはいえない。たとえばインドやクメールの彫刻、ティントレットやルーベンスやドラクロワの絵画は、何か予感しているように見えたのではないか。新たな空間を示し、世界に対して大胆な視点で立ち向かい、凹凸や明暗を、回転しながら現れては消える表面をドラマであるかのごとく捌《さば》いてみせた、あれらの彫刻や絵画には運動する量感《ヴォリューム》をフィルムに記録する芸術への予兆が見られたのではないか。エジプト人は光の微調整に長け、面が輪郭を導き貫く通過のありようが巧みに波打つさまを糾弾した。彼らは、世界が光となり分子となって切れ目なく連続する、この光景を予見していたのではないか。こうした連続性は、少なくとも見る術を知る者にとっては、映画が現実化してみせるたぐいのものである。要するに、かつて形態を創造した偉大な人々は、古代ギリシアの哲学者が知の領域で、イスラエルの預言者が倫理の領域で果たした役割を美学の領域で担っていた。彼らは幻視者だった。映画が子供の無邪気さと正確な計算でもってわれわれの目の前で展開してみせる現実を、ほかの人々には見えない書物のなかに苦もなく読み取っていた。映画の奇跡とは、映画によってもたらされる発見がその展開の自動的な過程に従って進展していく点にある。映画による発見が、われわれを教育するのである。またそれに従って、われわれは学ぶのである。たとえば「スローモーション」は、不可視の暗闇から、知られざる世界を出現させた。銃弾が細心の注意を払って鋼の鎧や大樹を貫通するのを教えてくれたのは、ただスローモーションのみである。犬の走りが蛇の移動のように忍耐強いさまを伝えるのは、ただスローモーションのみである。ボクシングやスケートや鳥の飛翔は、泳ぎのようでもあり踊りのようでもあり、実際の泳ぎや踊りがこれまで達したことのない優雅さを獲得している。これもまた、スローモーションが証明してみせたことである。スローモーションが可能となってから、スポーツや決闘や空腹が謳《うた》い上げる躍動感に溢れつつ釣り合いの取れた詩には、もはや、秘密はなくなった。視覚分析が弁証法的に進展し、次いで形而上学的に進展するなかで、素晴らしき機械装置の発見の一つ一つが、前代未聞の比類なき確実性を一歩ずつ確立してゆく。

そもそも、この奇跡は一連の結果をすでに生み出しており、われわれ人間の世界把握に絶えず制約を課している。映像を機械的に記録しそれをスクリーンに投影することで、もっとも厳密な科学的手段ともっとも崇高な美学的喜びとを交互に生み出し調和させることが永遠に保証されたばかりではなかった。実際、視線を広がりに向けたことから不可避的に生じるもろもろの印象の同時性と、その同時性が思考のなかに書き込むもろもろの感情の継起性との両方が、同じ可感的表現のなかに溶かし込まれている。デカルト的合理主義全体に対する、多大な侵害ではないか。私はいまから何年も前にこう書いたことがある。「映画は歴史上初めて、時間のなかで結びつく視覚の諸感覚によって、空間のなかで結びつく音楽の諸感覚を目覚めさせてみせた」。また、こうも書いた。「つまるところ、映画とは、目を通してわれわれに訪れる音楽である」[iii]。思うに、表現の潜勢力の秘密が宿るのは、かくのごとき前代未聞の現象のなかであり、その統一性は、われわれの精神生活にとって、かつて一度として果たされたことすらないもっとも決定的な征服を体現している。おそらくここにこそ、チャーリー・チャップリンのずば抜けて深淵な天才性がもたらした、思いも寄らぬ哲学的寄与がある。われわれはいまや無限の能力を手にしている。生きとし生けるものすべてを、人間の目には捉えようもないほどささやかなその現れの隅々にいたるまで吸い尽くすことができる。無限に複雑な劇《ドラマ》に向けてまばゆいばかりの光を投げかけることも可能になった。このドラマは、明暗によって、色彩と形態の推移によって、動物や植物の身振りが連続していることの確証となる知覚不可能な波打つ動きによって、織りなされる。また、分子の震動を宇宙のリズムと密接に連動させるごくわずかなリズムもこのドラマを紡ぐ一員である。ごくわずかなリズムながら、分子と宇宙とを連動させ、まさしくこのドラマを生き生きと行動している状態を保ったままにわれわれの内なる生へと入り込ませる。われわれの心理の態度が、そしてまもなく反射神経までもが、そこで決定づけられることになる。つまり、映画言語の可能性には本当に限りがないかに見えるわけだ。たしかに言葉を用いれば、詩、小説、演劇、歴史、科学、報道、そして文法——つまり技術——までもが可能ではある。だが言葉は方法において分析的でなければならず、表現において象徴的でなければならない。言葉には広大な領域が禁じられている。表現を担う素材と言語とのなかに造形的に刻み込まれる客体の領域は許されていない。言葉は、ダンスや彫刻や絵画やパントマイムやスポーツや路上の見慣れた光景に関して、せいぜい喚起するのが関の山だ。一方、映画はといえば、事情はまったく異なる。映画は、映画が生起し作動する視覚的かつ動的な現実のなかにそれらを組み入れる。撮影によって捉えられた一瞬一瞬が継起的に展開する点で、映画は音楽と地続きである。多くの美しい映画作品——たとえ無声映画でも——は、いわば楽曲に比せられるものを喚起するにいたる。しかも、映画は言語《ランガージュ》でも言葉《ヴェルブ》でもない。音楽は言語とより密接に結びつけられ、音楽の刻む韻律は対位法が拍を取りながら連関しているなかに溶け込んでゆく。人類が一丸となり日に日に速度を上げながらなだれこむ普遍主義は、いまや、交換と普及の道具を手中に収めている。

ご承諾いただきたいのだが、私はかくも限りない要素が複合していることを主張する一方で、それでもなお、なにより視覚的であるという映画の性質を強調したいのである。「映画は視覚的」だとは、冗語法との誹《そし》りを免れまい。だが逆説的なことに、大衆も、多くの映画作家もこの事実を一度として口にしたことがないのだ。このような視点から問題を検討するよう仕向けても、象と雨傘とを区別できれば十分と思っている。ところが、映画の今後の行く末に関わる問いの一切は、ここでいう映画の視覚性という問題に取り組むことと切り離しえない。いや、もっと言ってしまおう。映画の行く末は、この問題のみにかかっている。つまり、はじめから映画を視覚にまつわる能力の教育に従事させなければ、一歩も前に進むことはできないということである。たしかに偉大な画家や彫刻家は何人かにそうした教育をもたらした。しかし、ただ映画のみが、普遍性を担うスペクタクルとしての機能と暗示することにかけては無限の力量によって、分け隔てなく全員にかくたる教育を施してみせる。もし映画が、視覚的調和をそれが運動している状態のまま生み出すための道具であるというおのれのあり方を忘れてしまうなら、ただちにみずからの路線から外れ、袋小路に陥ってしまう。映画は淀みなく進展しながら、それゆえに、何度となく路頭に迷い、ときに立ち往生させられてきた。

3

戦争〔第一次世界大戦〕が終わってから幾年も流れるうちに、映画は幸運にも演劇への固着から抜け出すべく従事し、徐々に——とはいえ、おそらく大半の映画作家には与《あずか》り知らぬところだが——世界を視覚的かつ律動的に解釈する方向へと舵を切った。スローモーションを発見し、照明技術はますます向上し、二重焼付けのような技術を思いつき、身振りによる表現を簡素化する術を次第に習得するなかで、そうした一切を日増しに連関させながら、世界解釈を豊かなものにしてきた。「トーキー映画」、なかでも「吹き替え」ができてからは、すべてが再審に付され、音響面の質が向上するにしたがって映像面の質は後退した。私はさきほど「映画の力量は十分に大きく、演劇的表現を吸収できる」と主張した。こうした面で素晴らしき成功例がすでに存在する以上、私が自己矛盾に陥っているとの指摘はたやすい。しかし、私の考えでは、映画作品が演劇の美点を完全に得るには条件がある。手にしうるその他の表現形態のすべて——歌、造形、音楽、科学、記録など——を完璧なものとし、技術や映像やリズムの質を最大限にまで引き上げねばならない。そもそも、こうした質がなければ、映画化された演劇はたちまち凋落の危機に瀕し、当然期待される発展の度合いにも達せぬまま没落していく運命にある。また、映画が漲《みなぎ》らんばかりの力強さを演劇以上に演劇的形態に借り受けているといって、その他の方法をたった一つの側面に供するなど馬鹿げた話ではないか。映画が演劇に飲み込まれてしまうなら、映画は少なくとも一時的に失われることになる。望ましいのは、映画が演劇を取り込むことである。かつて演劇が、音楽だの美術装置だの衣装だの端役だの身振りだのを取り込んでみせながら、それらが演劇とは関係なく発達しうる余地を残しておいたように。

間違いなくいえるのは、映画表現を極めるうえでは音響の整備が決定的に重要であり、音響は、映像とほとんど変わることなく、果てしない展望を開くということである。万有は声を発する。海の潮が、川の急流が、激しく降り注ぐ雨が音を立てる。枝と穂のあいだを吹きすぎる風が、鳥の鳴き声が、虫の立てるかすかな羽音が聞こえる。群衆はざわめき、車輪は悲鳴をあげ、機械はあえぎ、沈黙は絶えずささやいている。万有の声という声が、視覚で感じた印象を包み込み、そこに身を寄せながら調和し、その性質を見極めて増大させる。砕け散る波、土を打ち煙を上らせる雨、小麦や玉蜀黍《とうもろこし》や木の葉の揺れ動き、蜜蜂の婚姻飛行や蜜収集、デモ参加者の群れや軍事行進、鋼の車輪が現代における労働活動にリズムを与えながら放出する灯影と律動、見分けることのできない億千万の顕微鏡の世界といった、ある意味、幾千の要素が組み合わさった世界の形態の一部をなす視覚的印象の数々は、音によって高められる。それを理解するには、今日の目でサイレントの記録映画を見れば十分である。習慣というのは怖いもので、映画が登場したおかげで、写真をスクリーンに投影しても覇気が感じられなくなったのと同様に、いまでは無声映画は死んでいるかのように見える。この点で、われわれはカーライル（あるいはホイットマンだったか）の言葉に立ち返ることもできよう。「世界が完璧にならなければ、人間が完璧になることはない」。世界の膨大な複雑さは人間を全体として捉え、その全体に入り込んでいるはずである。だが、まさにそれゆえに、不都合が生じる。人間の声は一つの要素にすぎないのだ。むろん、自身に折り重なる精神の沈黙が声と支配争いをすることがない以上、おそらくあらゆる要素のなかでもっとも感動的な要素ではある。しかし、人間の声が世界全体を飲み込むのは望ましくない。許されるのは、分析が必要なときや悲哀を表明するときに限られ、精神の織りなす劇《ドラマ》の内的展開に従えばこと足りる話なのである。人間の声を重視しすぎれば、ワグナー演劇が犯したのと同じ過ちに陥ってしまう。ワグナーは、それだけで十分表現に富んだ音楽を、関係のない美術装置でもってさらに補強しようとした。もちろんいうまでもなく、声の言葉《パロール》はそれ自体で充足している。しかし、言葉を一部に含む世界もまた、それ自体で充足しているのだ。両者の動きが組み合わさっているのなら、どちらか一方を犠牲にしてはならない。つまり、私はこう主張したいのである。映画表現がまったくもって演劇の形態をとる場合を例外として、映画作品で語られる挿話は台詞ではなく、映像を中心に組み立てられねばならない。

4

それは疑いようもない事実だった。「トーキー映画」が映像の審美性と純粋性に後退を強いたことを確認するには、多くの年月を必要とはしなかった。一時的な後退だと私は思うし、そう願いたい。しかしこの後退を一時的なものとするには、観客と彼らの教育者を任ずる哀れな者たちが、映画を言葉の付属物にするのを諦め、言葉を付属物とするような映画に戻らなければならない。言葉の影響力たるや、それが無意味で愚かさを示し、知性の反感を買う場合であっても耳を誘惑し、映像ではなく言葉へと注意を向けさせる。観客は聞く。もはや見ようとはしない。映像は後景に退き、もはや台詞を飾り立てるばかりで、鍛錬された目でさえ映像美の愉悦に浸る習慣を失ってしまう。たしかに言葉の美しさを味わおうというのもあるが、それよりも、物語を織りなす鎖の輪を取り逃しまいと躍起になる。映像を追いやるのは言葉には限らない。物語もその張本人である。[1]言葉と物語が映像と精神に二重の覆いを被せているのを確認するために、私はもう何度も耳を塞いで映画を見たことがある。同じ作品の「オリジナル版」と「吹き替え版」の二つを続けて見れば、たやすく理解できるだろう（つい、「吹き替え」ではなく、「掏《す》り替え」と書いてしまうところだった）。たとえば『ハレルヤ』（キング・ヴィダー監督、一九二九年）である。私は英語オリジナル版で見たとき、よく聞き取れず、筋を追うのを諦めた結果、きわめて強烈な視覚的印象を受けた。だがフランス語吹き替え版で見てみると、こうした印象は消え失せてしまった。見るのではなく、聞いてしまったからである。周知の通り、「吹き替え版」の難点はまだ他にもある。美学的一体性は恐ろしいことに否定され、声が、表現とも、身振りとも、行為し運動する人間の形態とも、いやありとあらゆる形態と嚙み合わず、画面上で展開する出来事とかけ離れているかに見える。

なぜなら世界は一体であり、人間もまた一体だからである。もし世界を一体にしたまま人間を二つに切り離してしまえば、宇宙的規模で展開する劇《ドラマ》――人間はそこで動く行為者の一人にすぎない――が一体となって、透徹した精神と高貴な心に感動をもたらすことはなくなる。「トーキー映画」――とりわけ吹き替え版――は、映画から人間的普遍性を奪いとると私は言いたい。映画がその始まりから、心理に強く働きかけ、社会で重要な役割を担うことができたのは、こうした普遍性が備わっていたからである。映画は、一切合切を通じ合わせて人間精神に到達するような普遍的な生命と人間の言語でありつづけねばならない。映画は声の言葉《パロール》を取り入れることで、以前にもまして普遍生命の言語をすぐれて体現するようになった。言葉が映画に最後の行動手段を与えておきながら、その後にとどめの一撃を加えたとあっては、なんともおぞましい話にちがいない。

つい最近のこと、古い無声映画をいくつか見る機会があったが、私が見たのは字幕での説明を欠いたものだった。写真として見れば、ありふれたものにすぎなかった。だがそれにもかかわらず、映像は、ただ映像だけを頼りに説明を引き出さねばならぬほど凝縮されており、そこから立ち上がる立体感に深い感銘を受けた。監督も俳優も大げさな身振りに逃げることなく、絶えず創意工夫し、知性を巧みに働かせ、矯《た》めつ眇《すが》めつしながら理解させようとしている。そして観客に対して、必要とされる注意を尊厳の域にまで高めるよう要求している。字幕が抹殺を図り、台詞がさらに追い打ちをかけたにもかかわらず、作品から放たれる視覚的美質とその心理的解釈とが途切れなき交流を果たす。われわれは、筋立てではなく、身振りと表現を思い出させられる。劇から物語を立ち上げさせられるのではなく、その精神的意味を考えさせられる。動作の意味を説明する台詞がないと、扉を閉めたりスープ鉢を卓上に置いたりといった仕草が、まったく異なった意義深い輝きを見せる。随分と前から分かったつもりではいたが、私はこういった作品を見て、トーキー映画や字幕付きの無声映画を見るときとは別種の印象を受けていることに驚いた。新しい世界に貫かれているのだ。言葉が生まれる前に人間を刺激した世界だ。直感と熱意の奇跡によって、言葉を生み出した世界だ。そこでは視線が余儀なく外相を突き刺し、その背後に隠れる意味を探し求めさせられる。言葉は怠惰なわれわれを気持ちよくしてくれる。なんの努力もいらないとばかりに意味を与えてくれるが、それは恣意的に、そしてなにより抽象的に行われるにとどまるのである。私ははたと気付いた。とりわけ難しいことではなかった。言葉をつねに使う映画作家や言葉の扱いに不備のある映画作家が、いかに強力な表現力と手を切ってしまっているか。映画作家は静寂と音響を自由に使いこなすことで、初めて、無数の表現形態を自家薬籠中のものとする。私が見た映画のなかに『除夜の悲劇』（ルプ・ピック監督、一九二四年）がある。三つの場所が同時に舞台であり、あるいは交互に舞台となる作品である。路上とキャバレーと小さな部屋の三つを舞台に、三重の内的物語が繰り広げられる。たしかに路上とキャバレーの場面は、そうした場所に特有の雑音がない点で、多くを取り逃がしているかもしれない。実際の路上には、群衆や車のざわめきが響き、呼び声が飛び交い、地面を踏みしめる足音が聞かれる。またキャバレーには、歌が流れ、グラスのぶつかる音が響き、喧嘩やどんちゃん騒ぎが起こり、笑いがあれば怒声がある。だが、もしこの作品を作り直すとしたら、無音の悲劇に頼らずにすますのは常軌を逸した振る舞いというべきではなかろうか。音声がないがゆえに、こういった場面の無邪気で喜びに溢れるさまに劇的な強弱がもたらされている。無音の悲劇がここからわずか数メートル離れたところで、ここにいる誰にも知られることなく、三つの心の奥深くで猛り狂っている。

留意すべきは、映画作家、俳優、なかでも「プロデューサー」が映画芸術の誤った解釈の犠牲者の代表格だという点である。少なくとも、精神的な意味で犠牲者といえる。映画を破滅に導いていることに自覚的な者はごくわずかであり、それに気を病む水準に達する者はさらに少数だからである。映像の美しさは、よく見ようと耳を塞いでみても、新たな作品が作られるたびに徐々に弱まっているように思われる。映画作家は音と映像との同期にありったけの集中力を注ぎ、台詞が織りなす迷宮に映像を誘うよう強いられており、映画が内在的に備える質に気をかける余裕はますます失われてゆく。映画の内在が、ただ機械装置のみに譲り渡される。気にかけてもいないのである。その場で予期しない発見をもたらす偶然を起こすべく、絵柄や美術セットを丹念に選び、照明をその都度強めたり弱めたりし、運動と身振りの要求に従ってカメラを据える位置に変化をもたせ、リズムを早めたり遅めたりしながら、二重焼付けやスローモーションやクイックモーションに助けを求めるべきなのである。そうやって、観客の劇的かつ抒情的な想像力を喚起させるべきなのである。二重焼付けとスローモーションは、われわれがリズムと映像を学ぶにあたって重大な役割を担ったにもかかわらず、ほとんど見かけなくなった。たしかに記録映画には、スローモーションを用いる作品もあるが、そこに絵作りの用途しか認めようとはせず、映像の美学的価値を理解しているとは、もはや思われない。映像の美学的価値は、形態という形態、運動という運動が途切れなく連続しながら調和していくことを客観的に証明してみせる点にある。

むろん、この愛すべき機械に備わる教育的美徳が一時的および部分的に後退していることを過剰に心配すべきだったとは思わない。たしかに感傷的な夢物語を謳う作品は、映画の教育的側面から観客を遠ざけてしまい、観客はますます子供らしさを失ってゆく一方である。だが、まだ科学映画がある。力強い照明を当て、拡大して見せる効果でもって、見たことのないものが次々とわれわれの目の前に現れる。昆虫や甲殻類や軟体動物や花や種といったこれまで知られずにきた生命の数々が放つ壮麗さをはじめ、ビロードやサテンのドレスの肌触り、甲殻の濃く深い輝き、宝石のように煌《きら》めく吸器や吸盤、めしべが震え、獲物を探す触角が揺れるさま、蔓植物のように伸びる触手の蛇を思わせる動き、破裂した水泡からダイヤモンドやオパールのごとき水滴が滴り、愛と飢えのドラマというドラマが調和して運動するさまが白日のもとにさらされる。またもしくは、アフリカやインドネシアの狩りの様子を取材したルポルタージュもある。そこでは、たとえばアントワーヌ＝ルイ・バリーの彫刻が見据えていた悲劇的現実が実際に捉えられている。そのほかにも、あたかもフェルメールやベラスケスの絵画に見られる視覚的な巧妙さを証明してみせた作品もあった。ニシキヘビの動きはダンスのようであり、その筋肉の収縮が装飾模様《アラベスク》を織りなしながら、うろこからはほのかなあまり捉えがたき光が溢れ、その精力がわれわれに見せられる。豹や虎は毛並みにしわを寄せつつ、つややかに光沢を発し、牙やツメは鋭く光っている。頭蓋骨や下顎骨は表面を波打つ骨の線に沿いながら、内側から巻き起こる本能の力と外側を撫でる太陽の光の優しさとが融合するままに、その形が練り上げられている。そもそも周知のように、精神に関していうならば、新たに何かを獲得するにはその報いとして、すでに実現されたことからの多少の後退を一時的に認めねばならない。そして、これも知られたことだが、映画がこうした普遍法則を逃れるはずだということもない。映画はあまりに資源豊富で驚くべき発見に満ちており、それは、映画の可能性を完璧に汲み尽くしたいというこちらの望みを越えているほどである。われわれは以前の発見を無視することで、その可能性を完全に使い尽くそうとする。かつてそれが明るみになったとき、まったく新たな奇跡としてわれわれを魅了して驚かせ、解放させたような発見を気にかけなくなる。その発見がいかなる結果をもたらすかをこちらが最後まで見届ける前であっても、それに無視を決め込むのである。しかも、前代未聞の発展を遂げ不意を突いたこの「機械」が組上にのぼるたびに、われわれの怠惰な精神に求められる新たな努力に対して、全面的な反対運動が巻き起こる。機械といっても、人間の生み出した作品である。機械がいま見せている複雑さが、精神の成長を阻害することなどありえない。むしろ機械は、世界を組織するという使命――それは、世界の始まりから人類の使命だった――に対して精神が介入する例としては、もっとも励みになるものといえる。機械の罪というなら、それはつねにこうした「進歩の代償」

である。だがわれわれは、道徳的観点から「進歩」を考えることにこだわるために、進歩に代償があることを認めたくない。精神の観点から見れば、進歩は力の複合体である。そこに合わさる力の数々はしばしば敵対し、遁走曲《フーガ》のように歩みを進める。間違っても、一本の連続した線のような展開は見せない。

5

したがって、われわれは強いられている。つい先日まで望むべくもなかった精神の征服が進化し、日々ありがたき結果を繰り広げていくなかで、その路線の全体から外れたところで犯してしまう過ちを告発するよう、強いられている。過ちというのは、なんとも驚くべきつまずきのことで、その一つ一つが新たな一歩を踏み出そうというときにわれわれをつまずかせることになる。しかしこういった失策こそが、映画の退廃を食い止める道具となる。映画は、いうなれば数学と同じように、おのれ自身の実体から躍動感溢れる繋がりを引き出す。映画は、人間におのれの劇的運命に対する思い上がりを教える大いなる旅立ちの一つでありつづけている。映画は普遍的であり、それゆえに、歴史上初めてあらゆる国民および同一方向を向くあらゆる人間集団の活動と才覚とを手中に収めることになった。その普遍性は、映画の発展に限りない生成と変化とを保証する。アニメーション映画やカラー映画といった近年に映画が成し遂げた進歩のいくつかは、トーキー化とほぼ同時代の出来事であり、恐るべき危険を孕んでいる。だがこうした危険は、おのずから乗り越えられるだろう。それも、そういった危険自身が備える力量によって、克服されるだろう。たしかに、いま挙げた二つの例に即していえば、観客を視覚的に教育するという機能を持たぬかぎり、惨憺たる映像がわれわれに押しつけられる可能性はある。だが選りすぐりの芸術家と技術者を鍛え上げさえすれば、程度の低い映像の支配から逃れられる。絵画と建築の偉大な時代がそうだったように、ほかならぬ作品自身が独自のヴィジョンを持ち、リズムや運動や色彩に対して独自の意味を与えなければならない。またそれらを、拡大していく観客集団に向けて徐々に植え付けていかなければならない。もし、観客集団を構成し、そこに力を与えるのが社会状況であるのなら、なおさらである。

アニメーション映画は、未来に約束される比類なき可能性を描いていたのではないだろうか。豊かな展望を開いてみせたのは、アメリカで作られた作品のいくつかである。人間の詩的才能は、肺を再生するに足るほど新鮮であると同時に飛翔を支えるに足るほど濃密な大気をつねに渇望するものだが、おそらくそのような展望を垣間見たのは久しぶりのことだった。かつては抒情の飛躍が生じたときのことだ。抒情が羽ばたくと、イタリアでは地下祭室がフレスコ画と蝋燭で覆われた。フランスでは、教会の外陣が黄昏の夢幻と花々の交響楽で満たされ、ステンドグラスを通して陽光の変わりゆくさまが民衆に注ぎ込まれた。イギリスでは、殺人者や王や聖母や嵐の声や星々の煌めきが舞台小屋に大挙して詰めかけた。ドイツでは、音響が形作る大聖堂《カテドラル》のヴォールトが民衆の上に伸び広がり、その支柱の数々は、靴修理屋や時計屋やビール屋や鍛冶屋が本能の無垢なるままに偉大なるコーラスを奏でる露店へと潜り込んでいった。この点でなにより感動的なのは、この度はアメリカだということである。「知識人」に軽蔑され、「物質主義的」で、「経済」の奴隷であるアメリカが、現代世界の気高い混沌にまみれながら、ああした途方もない創作にいたり、その作品製作はあたかも沸騰する容器のなかで未知の物質か何かを化学的に生成するようで、理想主義に向かう宗教的もしくは道徳的な跳躍とはかけ離れたものであるというのに、かくも突飛な想像力が披露され、かくも弾けるような生彩がもたらされる。自由や喜びや無邪気さや創意工夫に酔いしれる詩情の炎が、けっして眠りに落ちることなく立ち上げられている。かつて見たことがあったろうか。風になびく雑草や花のつぼみや野原の花々や樹に生えた苔が、昆虫の細かな作業や鳥の情事に協力しているのを。聞いたことがあったか。夜鳴鳥が結婚するとき、花冠という鐘が鳴り響くのを。おもちゃの単調な行進がアヒルのガアガアという鳴き声と拍子を刻むのを。見た者はいるか。蟻や毛虫の行列がヒキガエルの水晶の歌に沿って進むのを。生まれたばかりの黄金虫に露のシャワーが桜の花をおしべとともに降り注ぐのを。目の前に繰り広げられているのは、こうした群れという群れの豊穣なありさまが途方もない規模で詩的に目覚める様子である。われわれの多くは、つい先日までそれを見ることも叶わず、そこに生気を感じることもなかった。なんとかそれを感じるには、言葉という記号体系に頼らざるをえなかったが、言葉はあまりに象徴に根ざし、一般大衆には敷居が高かった。とすれば、形態に不備があるだの、色彩の調和の乱れにときおり嫌気が差すだのと主張することに、一体何の意味があるだろう。この新たな言語が日々複雑に拡がり豊かになるなかで、いま観察される汚点もこれまで見たことのない展望へと導かれてゆく。このつつましやかな導きの糸に沿えば、われわれはミケランジェロやティントレットやルーベンスやゴヤやドラクロワといった種族に連なる天才の現れが予感できる。その才気たるや、空間の劇《ドラマ》に固執せずおのれの内的な劇《ドラマ》に働きかけ、形態が激しくほとばしる運動のなかに、行為し作動する運動の数々のなかに、内なるドラマを突き落とす。交響楽的表現によって、絶えず逃げ去る生成変化のなかに、造形芸術と音楽と言葉とを合わせて打ち込んでゆく。

　ところがまだ為さねばならぬことがある。色彩映画の攻撃によって失われた領域を、いま一度、視覚的調和の領土に付け加えなければならない。この偉大な発見を映画が約束する生命全体の表現に付け加えたというだけでは不十分であり、それだけでは、この方向性で何も為すべきことなしとの思いにはいたらない。事態はまったく反対である。色彩の獲得は、それを維持するために、新たな努力を必要とする。「自然」はそれ自体では調和とはかけ離れたものだ。絵画という除去と選択の芸術の存在がそれを十分証し立てている。「白と黒」は、そして両者が銀とビロードをただちに深く調和させ、行動し運動する量感《ヴォリューム》とともに循環し、現れては消える様子はわれわれを喜ばせたものだった。なぜならモノクロは「明暗の度合い《ヴァルール》」を解釈したものであって、色彩を解釈したものではないからである。色彩を機械的に記録すると、ひどい幻滅に襲われる。特に

「野外撮影」のように、才能ある映画作家の意志によっても配置を組織できない場合はなおさらである。総合視覚交響楽たるものは、色彩を機械で記録するにあたって、調和をあらかじめ練り上げておくよう要求する。諸形態を組み合わせた運動によって増大させられた複雑性に、あらかじめ練り上げられた調和を奏でさせるよう求める。そのとき、ますます進む複雑化を促す運動の構成要素たるもろもろの形態のなかでは、対比や反射や対立が止まることなく明暗を漂い、濃淡のあわいを往来し、強い光のなかで戯れながら、明暗と濃淡と光とが織りなす関係に絶えざる変化をもたらしている。為すべきは、一丸となって行われる広大な努力である。アニメーション映画や、もしくはもっとも単純に作られた映画作品がすでにわれわれに予見させているように、いま期待せねばならないのは、未来の映画作家が狭義の画家というより、オーケストラの指揮者の役割を担うことである。ディズニーの作品であれその競合会社によるものであれ、アニメーターからなるチームが数をなして、作画のごく些細なところにまで手を入れている。将来、大がかりな作品が作られることになれば、人員がさらに増大せざるをえないのは目に見えている。あらゆる種類の舞台装置家や踊り手や衣装係や端役や技術者が確実に大挙し、創作に加わることになるだろう。映画はこのような状況に囲まれるなかで、もう一度、集合性の領域を取り戻す。いまはまだ、金銭と興業とが様々に絡み合ったままに囚われている。だが、映画をめぐる状況は、振り払おうにも離れない個人主義が際立たせる映画の必然的矛盾を明るみのもとにさらすことになる。われわれの時代は、様々な方向に抗しがたく開かれているにせよ、いまだに個人主義の泥沼にはまり込んでいる。

6

したがって、映画がおのれの運命を完遂するべく待ち望んでいるのは、徹頭徹尾更新された社会的領野である。たしかに、建築がかつて信仰深き人々に対して守ってみせたような約束を、映画はまだ果たしていない。だが、それに必要な社会的基盤も神秘的跳躍も、そうした約束からしか生まれてはこないのであり、必須条件は二つともまだ形成途上にある。また、建築が生成しつつある感情と調和し、その表現となるにいたるには何世紀もの時間を要したのである。道具さえ見つかれば、すぐにも傑作が必ず生じるなどという思い込み以上に最悪な美学的偏見を私は知らない。少なくとも、歴史的な環境がゆっくりと複雑さを保ったままで準備される必要がある。こんなにも多くの陰鬱な精神が映画を非難してかかるとは、奇妙きわまりない。映画はまだ生まれて四十歳であり、決定的な傑作というものをまだ実現していないかもしれないが、複雑で困難な作業を自分自身の内部でもって完遂し、その手段を発達すべく従事している。不思議なのは、キリスト教が約束した詩的使命を果たすまで信者を千年も待たせたことを、この同じ陰鬱な精神が当然と思っていることである。製作を組織するのに莫大な要素が絡み合うため、映画には、どの芸術にもまして元手となる資本が必要である。しかしながら、個人的利益の追求以外の目的を持たぬ実業家、もしくはそうした実業家の集団の手に資本が握られ独占されたまま、映画に必要な資本が完全に社会的なものとならなければ、映画は近いうちに衰え、雑誌の挿絵やお涙頂戴話やいわゆる「大衆」小説といったこの上なく堕落した形態の仲間入りを果たすことになる。芸術表現としての映画は消えてなくなってしまう。映画の弱点は、その大きさにある。映画は集合芸術であり、集合芸術でしかありえない。映画は存続し発展するが、その存続も発展も、群衆の一人一人全員に休みなく訴えかけることなくしてはありえない。そのため映画製作に携わるすべての人々には、映画の進歩に同化する努力が絶えず要求され、映画のもたらす発見を一致団結して価値づけるようつねに求められる。仮にいま、われわれがこうした状態からかけ離れ、ますます遠ざかる一方だといわねばならぬありさまだとしても、〈歴史〉には、思いもかけぬ決定的な急展開が数多くあったことを知らぬわけではない。たとえばキリスト教の起源が示したのは、二重の精神的プロセスの存在である。人間社会がまったくの無政府状態にあった時代のこと、一方の意志と魂が高められたのは、他方の意志と魂が下げられたのと軌を一にしていた。キリスト教の始まりの歴史とはこうしたものであり、その歴史には、現時点ではまだその到来を控えた状態にある社会を予兆する、もろもろの出来事と似た事例が多く見受けられる。映画会社のいくつかが陥る名状しがたき下劣さ。無教養で品のない「製作者」と映像の商人たち。アメリカ映画を創意に富んだ水準に維持しようとする、いくつかの会社の絶望的な努力。また、自国の映画作家を特徴づける独創性に加え、彼らが手中にする人材と機材と技術の面での驚くべき充実ぶりをなんとか逃すまいと躍起になるアメリカの映画会社の空しさ。集合的領野にとどまり、台詞とスターへの誘惑から身を離そうと意識的に戦いを挑むロシア映画の発展。近年やっと見られるようになったフランス映画の確かな進歩。こうした一切が、われわれを暗澹たる展望から守っている。問題を表面的に検討するだけでは、われわれが導かれるのは、暗い未来にちがいないと思われるだろう。映画はいまのところ、二つの障害に板挟みになっている。個人の利潤追求と、それを終始支える財界による扇動である。だがそれは、こうした障害が遅かれ早かれ埋没し、もろもろの社会が個人の利益を全体の利益に従わせる作品製作の集合的形態へと抗いがたく上昇していくからなのである。これらの障害によって、財界による扇動は、「理想主義的」教育を道具としていた感情的抽象を相手にするのではなく、心理的かつ生態的な教育を手段とする人間の現実を見据えていくことになる。

途方もない作業に取りかかっているわけだ。経済はその出発点にすぎない。組合《サンディカリスム》は人間を機能適正と実益に沿って作り直すために考え出されたものだったが、この途方もない作業を担う主要な器官となるだろう。すると、映画を脅かす危険は最終的に追いやられ、いったん機械という鋳型にどっと流し込まれた表現の自由が、映画製作の厳密にして調和した組織化によってあらゆる側面がしっかと組み立てられた社会体のなかに再び戻されるはずである。すべてが無秩序と秩序の双方のなかに維持されている。いま話題にした表現の自由は、現社会の混沌にいついかなるときも妨害され、散り散りとなっている。ところが、ひとえに金銭の企みと大衆の趣味の悪さばかりが表現の自由を脅かしているわけではない。大衆の趣味の悪さの元凶は金銭にあり、大衆は趣味が悪いがゆえに、交互に続けられる交換のなかで金銭に尽くす。国家もその警察もその検閲も金銭と悪趣味の下僕なのであり、おのれが機能するために必要な薄弱な知性と昂ぶった感情とを、精神のなかに保持しようとする。映画は新聞雑誌やラジオ放送と同じように、支配と白痴化の道具となって大事業に奉仕し、なおかつその大事業を権力に向かって体現する政治のまやかしに奉仕する方向に向かっている。国家というものは、ほとんどいかなる場所にあっても、寡頭政治の冴えない反映にすぎない。世論を左右し、古びた抽象と戯れることのできる組織と個人を徐々に取り込んだ寡頭政治の反映にすぎない。公益とはなんの関わりもない目的のために、いや、公益とはあらゆる領域において対立するのが明白な目的のために、世論はいとも簡単にだまされてしまう。怠惰な精神も手伝って、世界はまたたく間に廃墟と化すのかもしれない。日の当たらぬ地中で徐々に組織していく運動がある。資本と労働の集中に淵源を持ち、人々のあいだでの交換と反応をますます速くまとめあげる機械の潜勢力に起因する運動である。もし、この運動が、どこもかしこも無政府状態となったなかに新たな秩序を打ち立てるべく自動的に歩みはじめることがなかったならば、世界の崩壊は避けられまい。映画は、知らぬうちに法的無秩序の犠牲者となっている。だが同時に、生成途上にある現実的秩序の樹立には、もっとも効果的な道具の一つなのである。

もしこうした法的無秩序がこのまま居座るとすれば――現実的秩序のあらゆる要素が有機的に生長していくなら、却《しりぞ》けねばならぬ推測だと私には思われるが――、もしそうだとすれば、映画と社会とを両者の運命へと誘う運動のなかから二つの流派が現れるというのは、ありえない話ではない。一つの流派は選民を相手にし、二つ目は観客の多数を占める有象無象に向けられている。確実なのは、いまはまだ疑わしいにせよ、はっきりとした分裂が描かれつつあり、生まれつつある社会にとっても、映画にとっても、残念な結果になる可能性があることである。しかし、映画はおのれの歴史的宿命に嘘をつくことはできない。いまや、いかなる芸術であろうと、群衆と交わることなしに存在することはできない。群衆の必要性や衝動や喜びや苦しみや行動と混ざり合わずにはいない。映画は、目の前の現実にいる群衆の存在に屈する。運動の言語である映画は、群衆の運動に参加し、群衆はその運動でもって映画に生気を与える。政治の大いなる危機は、人間社会に死を禁じる内的運動にその如何《いかん》が掛かっており、この内的運動は、民衆が街を練り歩き、騒ぎ立てることで外部化される。諸芸術の進化には深い論理がある。絵画の君臨が、ルネサンス以来、絵画で描かれる個人なるものの君臨と軌を一にしたのは当然のことだった。絵画は現在下り坂だが、個人という概念も、ますます広大に拡がり、ますます必須と化した組織なるものにいまや回収されつつある。個人は、集団の必要性から作られる組織のなかに戻る最中である。興奮に湧き立つ群衆とは何か。それは、オーケストラが集められ交響楽が始まる、その前に聞こえるざわめきである。偉大な時代の芸術とは、包括的なものだ。むろん、過ちや間違いはいたるところに顔を覗かせている。しかし、モスクや仏塔や聖堂は寄り集まって、ただ群衆の熱狂のみが動かしうる情緒的で抒情的な大いなる深さを表現しているのだ。映画は同時にモスクであり、仏塔であり、聖堂でなければならない。人類の茫洋たる限りなき限界にまで拡げられたモスクであり、仏塔であり、聖堂でなければならない。生きているか死んでいるかこれから生まれてくるかを問わず、人類すべてに開かれたモスクであり、仏塔であり、聖堂でなければならない。顕微鏡と望遠鏡をもってしても捉えがたい形態と運動の無限にまで拡張されたモスクであり、仏塔であり、聖堂でなければならない。そこでは、千の楽器が合わさって、オーケストラが奏でられる。感覚と知性と行動する有象無象とが、一致団結して、演奏を始める。

（一九三七年）

原注

1　参考までにいえば、狩りや旅行などを伝える無声記録映画の数々は、ときに甚だしく美しい。だが、そこに加えられたナレーションは必ずといっていいほど不要であり、大半はくだらない代物で、不愉快にさせられることも珍しくない。「トーキー映画」の流行に乗ろうという、ただそれだけの目的で付けられている。美しい映像を見て味わおうとやってきた観客の期待を逆なでするだけだ。

訳注

i　知的協力国際研究所（Institut International de Coopération Intellectuelle）が発行する機関誌の第三号として編まれた論文集『映画の知的役割』（一九三七年）に発表された論考で、初出時は「映画」とだけ題されている。同書には、ルドルフ・アルンハイムやアルベルト・カヴァルカンティなど著名人が多数寄稿している。

ii　フランス語の「カトリック（catholique）」は、ギリシア語の「καθολικος」およびラテン語の「catholicus」から派生した語で、もともと「一般的、普遍的」の意。

iii　二文とも「映画神秘主義序説」からの引用。だがエリー・フォールによる引用には、本書に訳出した一九三七年の最終稿とは若干の異同がある。

III

映画作家のかたわらで

シャルロ礼賛[i]

1

盲人に視覚を取り戻させよう、といつも言われている。おいそれとはいかぬ話である。だが、もし彼らが見ないことを好むとしたら、なぜそんなことをするのだろう。もう何世紀も前から自分の目の前にあるものを、彼らはまだ見たことがない。それに、目の見える人も、見飽きたと言っているではないか。とすれば、まだ生まれたばかりで、晴眼者にも察しがたいこの営みは、盲人には一体どのように見えるのだろうか。この営みというのは、新たな芸術のことである。運動の芸術のことである。つまり、存在するあらゆる事物の原理に基づいた芸術のことである。そして、諸芸術のうちで、もっとも慣習的ではない芸術のことである。それは途方もない視覚的オーケストラで、インドの浅浮き彫りを制作した彫刻家たちや、行為し運動する量感と線分の劇《ドラマ》を描いた画家たち、ミケランジェロ、ティントレット、ルーベンス、ドラクロワは、それを早くも実現してみせた先駆者だった。喩《たと》えるなら、視覚交響楽のなかで絶えず動き、更新されていく絵画のようなものだ。音楽のように響く詩の神秘的交流とダンスのリズムとが、その視覚交響楽のなかで徘徊しながら、ときに出会い、いつしか融合してゆく。あるいは、機械装置のようなものだ。生動する形態の世界を人間の視線に従わせるために、持続がみずからの心のなかで生動する形態の世界を精神化し、秩序づけたうえで立ちまわる空間のなかに留めおくために使われる、機械装置である。新たな芸術である。演劇とはなんの関わりもなく、そう考えられたのはおそらく見誤っていた。私自身は造形芸術と結びつけたが、それも間違っていたようだ。新たな芸術である。いまはまだ有機性に欠けているものの、社会が社会自身のリズムを見つけたとき、初めておのれのリズムを見出すだろう。一体どこにこの芸術を定義する必要があるというのか。いまはまだ萌芽状態にある。新たな芸術がその器官を作り出す。われわれにできるのは、混沌からそれらの器官を引きはがす手伝いをすることくらいだ。

以上をすでに完璧に理解しているのは一人の男——ただ一人のみ——である。たった一人がこの芸術との戯れを心得ており、あたかも複数台の鍵盤を使いこなすかのような振る舞いを見せる。鍵盤の上では、存在の態度と形態を決定づける感情的および心理的要素が一つ残らず奮い立ち、その内的冒険の複雑極まる展開が、ただ映画表現にのみ託される。彼はけっしてしゃべらない。けっして書かず、説明もしない。たちどころに消えていく束の間の身振りはそのままで、仕草を様式化し象徴となすパントマイムの芸のなかに閉じ込める必要すら感じていない。彼は、人間の劇《ドラマ》に表現の道具をもたらした。これまで想像だにしなかったこの表現器具は、将来において、もっとも強力なものとなるだろう。スクリーンがあり、そこに光の束が投げ掛かる。われわれの目がそれに対峙する。目の後ろに控えるは、心である。これだけあれば十分、他は必要ない。この心から汚れなき調和の波が溢れ、すべての必要性が悟られ、情熱の詩的で広大な単調さがただちに理解される。なぜなら、このスクリーン上には、生動する形態があり、照り返す顔貌があって、明暗の度合《ヴァルール》いや光や影が途切れなく絡まり戯れながら、休むことなく形をなしては崩れていくのである。そして、観客の感情と思考に向かって表現される衝動と意志とが一つになっていく。シャルロ〔フランスでのチャーリー・チャップリンの愛称〕は、あらゆる人々のなかで最上の人物であり、映画造形的《シネプラスティック》な劇《ドラマ》——シネプラスティック以外の何物でもない——を実現してみせた。彼がつむぎ出すドラマのなかでは、行い《アクション》が感傷に塗れた虚構《フィクション》の説明となることはなく、教訓めいた意図《アンタンション》の絵解きとなることもない。ただ記念碑を思わせるほど壮大な全体を作り上げる。存在が客体を前にして独自に抱く視像を、存在の内部から、その視覚的形態とそれが住まう物質的かつ感覚的な場所へと投影する。私には、これは大変な事態だと思われる。きわめて偉大な出来事である。いうなれば、ティツィアーノが色彩をもたらした空間の要素すべてや、ハイドンが音響をもたらした持続の要素すべてが自身のうちに凝縮するさまに比せられる。そこから、諸要素の魂が作られ、われわれの目の前で彫刻されていく。もちろん、容易に理解できる代物ではない。なぜならシャルロは道化師であって、詩人ではないからである。定義のうえでは、詩人とは荘厳な人物であり、知へと誘うにも退屈という扉を通ることを勧める。しかしながら、私にとってシャルロは同時に詩人なのである。

それも偉大な詩人である。神話と象徴と観念を創造し、知られざる世界を現出せしめる者である。シャルロが教えてくれたことをすべて言い尽くすなど、私には到底できないが、心躍る作業にちがいない。それが何かすら知らないのだ。定義するには、あまりに本質的すぎる。シャルロが前に現れるたび、私は均衡を感じ、確実性を感じる。思考が充実し、判断力が解放される。シャルロが私に明かしたのは、私のなかにあるものである。私のなかにある、もっとも本当のこと。つまり、もっとも人間的なことである。一人の人間がまた一人の人間に話しかけることができる。なんとも例外的事態ではなかろうか。

どこでだったか、私は最近、シャルロは創作活動に入ると眠らないとの記事を読んだ。神経質が高じて怒りっぽくなったり、またあるときはぼんやりしたり、かと思えば、突如として熱狂に囚われたりしながら、六ヶ月にわたって、張りつめた悲痛な精神を創作に傾けているとのことだった。私は驚かなかった。だが、その後また別の記事を読むと、今度はシャルロが映画をやめたと書いてある。私は本気にしなかった。思考する者は、生きつづけているかぎり、思考をやめることができない。そしてシャルロは思考する者である。しかも、こうしたおぞましい副詞の使用がお許しいただけるなら、映画的に、考えている。シャルロがみずからの思考から解放されるのは、ただ、みずからの可感的身体をその思考に与える場合に限られる。身体の象徴を思考に位置づけるのは、偶然である。見誤ってはならぬ。シャルロは概念の創造者である。彼は、様相に、運動に、自然に、人間と物体の魂に、深き現実を押しつける。彼は、映画造形的《シネプラスティック》な詩篇のなかに万有を織りなす。彼は神のごとく、こういった世界編成の所作を生成し変化するがままにまかせる。そして、感覚と知性とを導くと同時に、その行為を通して、徐々にすべての精神に働きかけてゆく。

周知のことである。シャルロは、単なる映画黙劇役者《シネミーム》ではない。[1] 彼は、自分という役柄しか演じない。いや、より正確を期そう。彼は「なんらかの役柄を演じること」をしないのである。全体の世界を構想し、それを〈映画〉という手段でもって、翻訳する。劇《ドラマ》を見、それを調整し、演出し、焦点を合わせる。彼は、脇役全員の役と自分自身の役とを演じ分け、決定的ドラマのなかにすべてをまとめてみせる。またその際、この決定的ドラマを一通り見渡し、あらゆる側面から検討したうえで取り組んでいく。あたかも偉大な画家の振る舞いである。全大衆に沿うよう、大衆から派生するものを念頭に置きながら、凹凸やら強弱やらを作り、選択や組み合わせや特徴づけが行われていく。もしくは、音楽家のようである。途方もないオーケストラを手中に、多声音楽の財宝をほしいままにしながら、おのれの苦しみや喜びや驚きや幻滅の表現を無限に変奏させていく。本質に根ざした建築物である。映画作品を貫く緯糸の端から端までを徘徊し、いたるところに見出されるのは建築であり、映画作品は建築が辿る緯糸のまわりに織りなされていく。映画作品とはその実、閉じられた事物であり、いわば巡回する事物である。一つ一つの場面は全体の構想に従って決定される。それは、ビザンティン様式の古い教会で、小さな丸天井の数々が中心となる丸天井のまわりを経巡るさまを思わせる。それらが周回する動きを指揮し、一体となって動きゆく途切れなき調和を奏でさせるのは、どうやら球体の音楽である。一つの建築物、と私ははっきり言った。それは人間の脳にある。人間の身振りがいくら出鱈目に見えようとも、その身振りのなかを正確無比に通過していく。バレエや律動に狂うダンスに興じるときと同じように、ひとは悲痛かつ滑稽な中心的観念のまわりで均衡を保ち、そこからモティーフを引き出す。

2

私にはよく分かっているのだ。シャルロとその他の普通の喜劇役者とが、どういった点で異なるか、私には分かる。シャルロは、自分で練り上げたのではない観念やら感情やら形態やらを解釈し、演じたりはしない。しかし私には、彼と画家や音楽家や幾何学者とがどう異なるかはいっこうに分からぬ。カメラのレンズやフィルムやスクリーンは、画布であり、絵筆であり、色彩であり、コンパスであり、楽器であるのと変わらない。私には、彼が画家や幾何学者や音楽家と変わることなく、詩人たちの王国へと勝ち進んでいく方途が目に見える。ここでは、嘲笑を浮かべる悪戯好きの妖精が、薄汚れた廊下の影や森のはずれで踊りながら消えてゆく。ここにはヴァトーがいる。コローがいる。大樹という大樹が、舞曲《ファランドール》のなす輪を取り囲む。青く緑色に暮れ沈む黄昏の光が、木の葉の下に身を沈めている。夢に猛り狂わされた哀れな男がくたびれた靴を履いて、光に満ちた野原へと導く女精《ニンフ》たちに囲まれながら、異様で怪奇に見えるものの愛らしく跳びはね、はしゃぎまわる。ここには、悪戯を好む小悪魔がいる。永遠の神々や魔女やセイレーンやヘラクレスに、あるいは小さな杖と不屈の無邪気さでもって洞穴で抵抗を続けるミノタウロスに囲まれながら、小悪魔は結びつけていく。控えめな喜びと、わずかながらの苦しみと、さらには風や、光や、枝の下に聞かれるささやきや、小川の煌《きら》めきや、留置所のうめき声やといったものが複雑に絡み合って奏でる詩情とを結びつける。私はどこか他の場所で、彼はシェイクスピアを思わせると言った。いままた再度、そう言わねばならぬ。多くは私の主張を高飛車な笑いで受け流したが、私に言わせれば、彼を見るたびにこの印象は強まるばかりなのだ。たしかにその複雑さにおいては劣るかもしれない。しかし、シャルロはまだ三十歳。一方、シェイクスピアは時代的にますます遠ざかりゆく。そしてなにより、シェイクスピアはシェイクスピアなのである。だがそれにもかかわらず、シャルロには同じく狂おしい抒情があり、透き通った抒情がある。心から絶えず生まれ湧き上がるがままに、シェイクスピアと同じ、あの際限なき空想を羽ばたかせる。同じ身振りのなかで、間髪を入れず、生が素晴らしいものとなるよう無邪気にかけられる魔法と、それが無益であるという微笑ましく英雄的な意識とが結びつく。シャルロが笑いを好むのは、シェイクスピアが抒情に酔いしれるのと同じく、不愉快な経験から身を逸らすためである。シャルロは自分を笑ってみせる。苦しいときも、歌っているときも。残酷に研ぎ澄まされた洞察力は、心がこの上なく新鮮に発露するさまを観察し、感情のもろもろの要素を注視する。心から溢れ出る感情が星辰の光に包まれ、カタツムリの上を滑りゆく、まさにその瞬間に。

シャルロよ、なんと可哀想なのだ！　彼は愛され、哀れまれながら、笑いの病《やまい》を流行《はや》らせる。彼は重荷を背負っており、われわれの喜びに対して、それを一緒に支えてくれるよう助けを求めるときにだけ、その重圧から解放される。偉大な喜劇人たちが守護神となり、彼の背に重くのしかかっている。あの甘美な想像力は偉大な喜劇人たちを彷彿とさせるが、想像力が発揮されるのは、事件が起こったときに限らない。日常生活が営まれている、その一瞬一瞬のなかで、想像力が羽ばたいていく。そして、ほのかな苦しみを味わったり、大いに苦しんだりするための契機を見出し、自分をたくさん笑うか少しだけ笑うか、いずれにせよ、いついかなるときも自己を笑うための口実を認め、目に現れる様相の壮麗さと魅力の下に、その儚《はかな》さを見るための糸口を探り出す。シャルロが現れる前から、われわれは知っていた。あらゆるドラマの底には笑劇《ファルス》があり、ファルスの底にはドラマがあることを。だとすれば、われわれは一体何を知らぬのか。一人の男がやってくる。彼は発見する。つまりわれわれは、知っていたことのすべてを教えられるにすぎない。彼は簡単な方法を手にしている。偉大さという名の方法である。彼は危険を冒すだろうか。いや、彼は危険のただなかで、大いなる安らぎを得る。彼には克服すべき苦悩があるだろうか。いや、彼は苦悩を忘れさせる誇大な喜びを知っている。何か大きな感情が彼を貫いているのだろうか。いや、人間か自然が、彼を笑いに変えにやってくる。はたして彼が、愛ゆえに悲壮な身振りに縛られてみると、しゃっくりが止まらなくなる始末である。

情熱と事物の途轍もない皮肉ではないか！　皮肉は彼を変え、皮肉を通してしか、情熱も事物も見えないようにしてしまう。なによりおぞましいのは、ご存じの通り、彼が事物を求め、情熱を感じる存在だという点である。彼に自責の念があり、苦しんでいることを、一体誰が察せられようか。自分より貧しい人のために、貧困の甘美な跳躍を物言わずにさらけ出してみせるさまに気付く者はいるだろうか。福音の良心があることを見抜く者はいるか。彼は愛する。誰にも気付かれることなく。彼は腹を空かす。誰にも見破られることなく。だが彼はそれに苛立つこともない。驚きもしない。なぜなら自分で自分を監視し、自惚《うぬぼ》れを知らぬからである。このような対照関係《コントラスト》が身振りの一つ一つを滑稽なものとするが、この対照を見るべく世界を観察する必要は、彼にはない。彼のうちにあるからである。この対照は彼そのものである。残酷な光景《スペクタクル》をめざとく見てとった結果現れたものであり、そもそも残酷な光景というのも、自分自身の思考がもたらした光景にほかならぬ。この対照をもっとも高き様式にまで引き上げるには、多くを要しない。日々の歩みをなし、薄汚れた現実をもっとも高き幻想に絶えず対立させる道徳的領域から、社会生活および心理全般にわたる生活を包み込む広大無辺の領域へと、この対照を運び込めば十分といったところだ。そこに至れば、一つ一つの顔の下で、一つ一つの仕草の下で、一つ一つの物体の下で、なんらかの神が薄ら笑いを浮かべながら待ち受け、無垢なる者の心臓に毒針を刺そうと目論み、あるいは愚かさと粗雑さの勝利に対し、微笑みで挑もうとしている。あの彼は、ボクシングに興じている。だが警官がやってくると、ダンスへと早変わりである。酔っぱらい、千鳥足でふらふらになりながら、花を一輪摘んでみせる。重労働に勤しむ彼は、せわしく立ちまわり、疲労困憊し、くたびれ果てる。蠅を捕まえるという、重労働である。寝床を空き地に定め、隙間風対策にと板きれの穴を塞ぐ。水浸しになった溝のなかで、眠りに就《つ》こうと毛布にくるまっている。欠伸《あくび》が出るままに伸びをしながら、すると、水中に安らかに消えていく。空腹に喘《あえ》いでいるところに、インゲン豆が料理され卓上にあるのを見てとるや、一つ一つを丁寧に噛み、飲み下していく。幸せのためには旅立ちも辞さぬ。愛する者と見つめ合いながら、井戸のなかに消える。なぜなら彼の惨状は――そう、彼ことシャルロは惨めなのであり、気まま暮らしのボヘミアンで徘徊を好み、夢想家で、馬鹿が付くほどの正直者であって、あまりに怠け者であるがゆえに、生きるために絶えず想像を膨らませ、創意工夫に精を出さねばならず、あまりに純真であるがゆえに、その身に襲いかかる殴打があろうとも、拳が鼻先に来るまでそれに気付くこともできない――、彼にとってこうした惨状は、波打つ非凡な空想の金の糸でもって四方八方に織られた布地なのである。彼は自分のぼろ着を銀行の金庫に大切に保管する。ありもしない袖飾りを引っ張り、反り返った見窄《みすぼ》らしい皮革の、はたしてニスが塗ってあるのだか分からぬ表面を鏡に見立て、自分を眺めては悦に入る。ステッキを念入りにブラシで磨く。こうして優雅さが引き出され、目にかかる傾いた山高帽からも、その気取り方からも、挨拶の仕方からも、物腰からも、社交慣れした微笑みからも、同様に趣味のよい優美が立ちのぼるなか、一切がその身なりと著しい対照をなす。

シャツはなく、ピンで継《つ》ぎ接《は》ぎされた服を着た、ボロ切れの伊達男《ダンディスム》の極上のシルエット。喜劇人特有の威風堂々たる振る舞いである。シェイクスピアから最近の道化にいたるまで、素晴らしき独創性を発揮したアングロサクソンの天才の振る舞いである。こうした一切が何を素材にできているのか、私は多くを知らない。陽気であり、なおかつ陰気なものだろう。おそらく、笑劇《ファルス》のなかに潜む揺るぎない謹厳さである。言葉と仕草の一つ一つから組織せんとするわれわれの意志が消えることなく、偶然の災厄がつねにあるさま。劇《ドラマ》を前にする、夢想家の安らぎ。夢想家がドラマに囚われている場合は、ドラマから逃れられず、ドラマがドラマ自身に感動するという驚き。いずれにせよ、人間の天才が到達する切り立った頂上の一つこそが、素材となっているのだろう。人間はそこに至り、自身の芸術すべてに刻みつける様式の揺るぎなさでもって、なんとか持ちこたえている。雄大な様式である。主要な方法は単調で、古代演劇に連なる様式だが、その単調さは、芸術家という力溢れる存在に運命の相貌を与える。月日や季節のように、死のように、宿命のように、抗《あらが》いがたいという雰囲気を纏《まと》わせる。つまり一言でいえば、非人称的な風格を与えるわけである。私は、彼のステッキや山高帽や靴やボロ着について言及したが、これらはギリシア悲劇の厚底靴《コトルノス》と仮面のように、一定不変である。しかし彼の歩きぶりについては、何と言ったらよいのだろうか。音楽的リズムを奏でる、あの歩みはどうだ。あの外股はどうだ。喜びに感極まって跳びはね、直角にカーブを切ってみせ、一つのかかとの上で半狂乱に揺れる姿はどうだ。機械仕掛けのつまらぬ操り人形のあのシルエットはどうだ。そのシルエットのうちで、人類全員が打ち震えているではないか。

3

要するに、表現者がわれわれに真に語りかけるのは、人生を通した冒険を物語るときに限られる。しかも、それを物語る術を心得ていることが前提となる。そこで聞かれるのは、精神の冒険である。それ以外はありえない。われわれに起こりうることなど、一体いかほどの重要性があろうか。シャルロは、自分がそのような精神の冒険を生きるには適していないことを客体としてさらけ出す。われわれもまた不向きである。哲学者はそれをよく心得ている。芸術家はといえば、そうした不適合を幻想の見栄えで飾り立て、幻想が破れるがままに鏡に映る英雄の笑劇《ファルス》を演じて、心の平安を得る。シャルロはつねに敗北し、復讐心を燃やす。だが、底意地の悪さは微塵もない。彼は冗談を交えて、復讐を遂行する。より愉快なのは、彼が失敗して恥をかいても、他人をそこに巻き込むことである。彼以外の人が、一番恥ずかしい思いをさせられる。もちろん、彼が柵の下に隠れて、自分を狙う警官の靴ひもをほどいてみせるとき、わざとやっていることは私も承知している。だが、彼が恋人に意地悪をする痛風患者の足を踏んでしまうとき、それがわざとかどうかは疑わしい。彼のなかでは、無邪気さと悪戯心とが同じ歩調で歩んでいる。そもそも、彼は悪戯心でもって、無邪気さを見世物と化すのではなかったか。彼が遅刻し、上司の前に尻を突き出してやってこないキックを待つときや、ベッドのなかで洗面器を揺らし、靴を床の上で引きずって、起きていると思わせようとするとき、私は神々しい喜びに満たされる。彼の復讐劇はかつてないほど極上である。彼はわれわれ全員の仇《かたき》をとってくれる。かつて存在した者すべてのために、これから来るものすべてのために、仕返しに出る。彼はこれが運命と甘受し諦めることで、運命と暴君に打ち勝ってみせる。死は何に値するか。悪は何に値するか。彼はおのれの苦しみでもって、人を笑わせる。四方八方で、神々が逃げ出していく。

神々が逃げ出すのは、シャルロが自身を荒廃へと導く情熱を外側から裁き、神々の支配を認めても、それに敬意を示すことはないからである。彼はこうして、われわれの情熱に裁きを下し、われわれが恥ずかしがることなく、自分の弱さや窮状や絶望を見据えられるように計らう権利を奪い取ってみせる。彼は何かを笑いものにするのではない。彼は、自分を笑うのである。つまり結果として、われわれ全員を笑うのである。自身を笑うことのできる者は、すべての人間を空しさの重圧から解放する。彼は神々を打ち負かし、人類にとっての神になる。考えてもみたまえ。彼は腹が減っているというだけで、人を笑わせる。飢えを笑いに変えてのける。揚げ菓子屋の店先に、食べ物がある。万引きがばれないように策を練る。落ち着いたふりをして、無関心を装い、何も考えずぼうっとしたさまを見せる。ところが腹が鳴り、弱り切ってしまう。顔面蒼白である。そこへ警官が近づいてくる。こうした状況が孕む暴力が喜劇となるのは、われわれを苦しめる暴力という、もっとも笑いには向いていないような状況からそれが汲み取られるからだ。夢想家の人のよさも、愚者の自惚れも、暴力とはなんの関係もない。われわれは一体何を笑っているのか。空腹に喘いだことがあり、子供たちを飢えさせた経験がありながら、何を笑うのか。これ以上見まいと目を潰さねばならぬほど忌まわしく、痙攣が止まるように喉元に拳を打ちつけねばならぬほど禍々《まがまが》しく、引き攣りを起こさせ、その衝撃で歯が折れてしまうほど屈辱的な出来事である。私が思うには、ここでさえ、いやここにおいてこそ、笑いが生まれる。対照《コントラスト》がいやましにきつくなり、精神が苦悩に勝利するのをわれわれは笑うのである。畢竟《ひつきよう》、われわれにとっての人間というものを明確にしてくれるものは、彼をおいてほかにない。道化であるか詩人であるかは、取るに足らぬ問題である。

つねにおのれに打ち勝ってみせる悲観主義ゆえに、この小さきピエロは偉大な系譜を引き継ぐ精神の一つとなる。現実と幻想を絶えず対立させ、両者の対比と戯れるに任せる者は、先ほどいったようにシェイクスピアに連なり、またモンテーニュにも連なる。彼にはシェイクスピアやモンテーニュを読みえたと主張するのは無意味だが――どこでだったか、彼の頭にはつねにシェイクスピアが離れずいたと私は読んだ――、彼には二人が必要なかったと主張するのもまた同様に無意味である。誰であれ、もっとも遠い先祖を知ることなく、その特徴を備えてしまうものである。いずれにせよ、彼こそ現代的精神である。シェイクスピアやモンテーニュがかつて導き、いまもすべてを曙《あけぼの》の光で照らし出しているような、現代の精神。絶望の頂きに登りつめ、そこで知性に酔いしれながら踊る男。もちろん、違いはある。シャルロにとって、言語はもはや自明ではない。言葉も、象徴も、音も取り払われた。彼は自分の足で踊る。風変わりなドタ靴を履いてはいるが、自分の足で踊ってみせる。

かくも痛ましく、かくも滑稽な両足のそれぞれが、われわれには、精神を構成する両極を体現している。一つは名を知識といい、もう一つは欲望という。彼は一つからもう一つへと跳びはねながら、見つけたとたんに失ってしまうほかない魂の重心を探し求める。こうした探求こそ、彼の芸術のすべてである。高貴な思想家や芸術家にとっての芸術がそうであるのと同様である。いや、つまるところ、それは表現に携わらずとも深く生きたいと願う者すべてが従事する芸術である。ダンスが神にあれほど近いのは、想像するに、踊りがもっとも直接的身振りともっとも不屈の本能のなかに、思考の眩暈《めまい》を象徴しているからである。なお、思考の眩暈が均衡を得るには、満たすべき恐ろしい条件がある。眩暈が巣くう変わりゆく点のまわりを休みなく回りつづけ、運動の劇《ドラマ》のなかに休息を追い求めねばならない。

（一九二一年）

原注

1　ここ二、三年のシャルロのことである。それ以前は、おとぼけ喜劇のちょい役にすぎなかった。もしシェイクスピアやモリエールがウジェーヌ・スクリーブの戯曲で役を演じていても、いや、ラシーヌの戯曲であっても、それがシェイクスピアやモリエールだと見抜ける者などいるだろうか。

訳注

i　『レスプリ・ヌーヴォー』第六号（一九二一年三月十五日）に掲載。その後、「映画造形《シネプラスティック》について」と同様に『エデンの樹』に収録された。本稿のタイトルは「シャルロ」だけだが、内容をより判然とするために「礼賛」の二語を付け加えた。チャーリー・チャップリン（一八八九－一九七七）は、ハロルド・ロイド（一八九三－一九七一）とバスター・キートン（一八九五－一九六六）と並び「世界の三大喜劇王」と称され、俳優にとどまらず、監督、脚本、作曲、製作とすべてを手掛けたまさに「映画人」。エリー・フォールは一九二一年の時点で、「ここ二、三年のシャルロ」をとりわけ評価しているようだが、チャップリンは一九一八年にミューチュアル社からファースト・ナショナル社に移籍し、自身の撮影スタジオを設立した。移籍後第一作は『犬の生活』で、同作をもって彼のスタイルや「チャーリー」（フランスでは「シャルロ」）のキャラクターが確立したとする向きも多い。ちなみにフォールは本稿の執筆時、パリでは一九二一年十月にプレミア上映となった『キッド』は未見である。フォールは生前にチャップリンと親交を結ぶことはなかったが、一九五三年、チャップリンは、フォールの死後に編まれた映画論集『映画の機能』に序文を寄せることになる。チャップリンは若いころ、他人の文学のセンスと教養を推し測るために、エリー・フォールを読んでいるかどうかをよく聞いていたという。フォールの『美術史』はすぐに英訳され、フランス本国よりもアメリカ合衆国で大きな成功を収めていた。

アベル・ガンス『ナポレオン』のプレミア上映に寄せて[i]

一人の男がいる。前例のない喧噪のただなかで育った、強大な男である。齢《よわい》三十にして、この喧噪を統制する術を会得した。そして喧噪を自分のリズムに従わせ、空間と未来を勝ち取るために喧噪を利用する。これが、アベル・ガンスが実現した視覚交響楽の内実である。そこでは歴史と物語が混ざり合う。本当の冒険が醸し出す詩情が、魂という魂のなかに小説のごとき空想を招き入れ、また別の本当の冒険を作り出す。最初の冒険のまわりに、そこから生まれたいくつもの冒険が磁力に引きつけられたように凝集していく。主人公らは、想像力と孤独という二つの柱に映像《イマージュ》をもたらしている。彼らにはその映像がぜひとも必要であり、その必要性たるや、すべての人々にその映像を押しつけ、さらにはすべてを包み込む世界そのものにまで押しつけるほどである。彼らは、自分らの地上における生と救済を秤《はか》りの台の上に乗せ、貧乏くさい抵抗に打ち勝ち、来《きた》るべき人間の心のなかに居を据えていく。今日では、かの名高き「伝説」はさして重要ではない。伝説という輩《やから》は人の感傷を刺激し、モデルを見せつけて粗悪品を売りつけようと躍起になっていた。モデルは、あるときは俗物的であったり、悲哀に満ちていたりし、またあるときは聖職者然としていたり、虚勢を張っていたりしたが、いずれの場合もつねに正直で好意的だった。われわれは断固として、モデルに欠点があろうと、それは、モデルが記憶なき世界で炸裂させたかつてない美徳と相補的関係にある影にすぎないと認める。そして、可能性が開示されたばかりの衝撃をモデルに刻印する。われわれがそれに荷担していようが、あるいは同意していなかろうが、粗雑な「伝説」たるものは超越的神話となり、中心となり、力となって、そのまわりに、政治的思惑とは無関係に、新たな神秘主義が少しずつ編成されていく。

いまでは、イエスが実際に存在したかどうか怪しいとわれわれは思っているが、もし存在したとしても、象徴化と体系化にこだわる福音書の詩行が伝える姿とは異なるにちがいない。しかし、かつて存在した者のなかで、彼ほど生き生きとした存在が他にいただろうか。われわれは、ドン・キホーテは存在しなかったと確信をもって断言できる。しかし、ドン・キホーテのようにずっと生きつづけ、魂に生まれ変わると確信する男を、この地球上に知っている者はいるだろうか。ナポレオンが存在したことに疑問を差し挟む者などいまい。しかし、まさしく本日をもって、ナポレオンは燃えさかる想像力に巻き込まれ、超自然的な存在の風貌を纏《まと》っていくのではないだろうか。その超自然的な存在のなかでは、ある者にだけ悪魔の精神の息つくさまが見え、その他の者にとっては神の精神が吹き荒れている。『オデュッセイア』〔ホメロスの手になるとされる、古代ギリシアの叙事詩〕のなかで、物語に由来するもののうちで何が歴史に属するものかを考慮に入れようとかつてはなされたものである。だがホメロスを読みながら、そういったことを考えるだろうか。ホメロスは歴史を二度目に想像するにあたって、物語の観点から歴史を見るときでさえ、つねに歴史に対して理があった。また、物語に対してもつねに道理を通した。事実のなかから直観的に歴史と合致しうるものを選んだ。歴史を歪め、神秘的な論理に絡め取ろうとはしなかった。

精神が価値を持つのは、精神に対する影響の如何《いかん》に関わるかぎりにおいてである。道徳的目的とは無関係な芸術の高みから見れば、かくのごとき人間の力能が演じる見世物《スペクタクル》は、純粋性に達するまで、心の秘められた砦に攻め込んでいく。そして純粋性は、精神の躍動の決定づける輪郭線の調和的飛躍によって、音楽に加わる。このように魂の状態を整えつつ、スクリーン上に情熱の嵐を眺め入るべきである。英雄の魂は情熱の嵐のなかで身を濡らしながら、おのれの世界への反響を普及させる。また同時に、おのれの意味を、群衆の信仰のなかで精力と愛との結合を成し遂げうる〈神秘〉の高みにまで引き上げてゆく。

（一九二七年）

訳注

i　本稿は、一九二七年四月七日、アベル・ガンス監督『ナポレオン』のプレミア上映に際し、ゴーモン＝メトロ＝ゴールドウィン社によって作成されたプログラムに掲載された。『ナポレオン』は一般の常識をはるかに越えた大作であり、イタリア遠征を描く終幕にいたっては、三つのスクリーンに映像を投影するという途轍もない企画である。プレミア上映は一九二七年四月にパリのオペラ座で行われたが、このとき上映されたのは、現在では「オペラ座版」と呼ばれる四時間ほどの短縮版である。同年五月、アポロ座で上映された通称「アポロ座版」は九時間を超える一大巨編で、このヴァージョンを決定版とする向きもある（ただし、「オペラ座版」と異なり、「アポロ座版」では三面スクリーンが用いられなかった）。その後も再編集が繰り返され、一九三五年にはガンス本人によって音響版が作られるなど、無数のヴァージョンが存在する。現在は、ケヴィン・ブラウンロウ監修による五時間三十二分の復元版がもっとも完全版に近いとされる（Cf. Kevin Brownlow, *Napoléon : Le grand classique d'Abel Gance*, tr. Christine Leteux, Paris, Armand Colin, 2012, pp. 328-329）。二〇〇〇年に初上映されたこの復元版は、二〇一六年にデジタル化された。なお、アベル・ガンス（一八八九－一九八一）はフランスのサイレント期を代表する映画監督で、フォールとは一九二二年頃から親交を結んでいた。一九二六年、フォールはガンスから講演原稿を受け取り、そのお返しに映画論の収められた『エデンの樹』（一九二二年）を謹呈したが、その際、「映画造形《シネプラスティック》」や「視覚交響楽」というかつての自分の発想が、ガンスの映画観と近しいものであると吐露している（Cf. Élie Faure, *Pour le septième art*, Jean-Paul Morel (éd.), Lausanne, L'Âge d'Homme, coll. « Histoire et esthétique du cinéma », 2015, pp. 56-57）。また二人は、一九三二年、ルイ＝フェルディナン・セリーヌの処女作『夜の果てへの旅』が出版されるとすぐさま反応した。フォールはいち早くこの小説を評価し、ガンスは映画化の企画に素早く着手する。結局、この企画は頓挫してしまうものの、フォールは映画化の実現に向けて両者のあいだに立つなど協力を惜しまなかった。セリーヌはフォールを愛読していたからである（Cf. *ibid.*, pp. 101-127）。

三面スクリーンの発見[i]

三面スクリーンについて犯しうるもっとも許しがたい間違いは、スクリーンの平らな表面を三倍に倍増させるだけだと思い込むことである。なぜなら平面上で、光と精神が神秘的な深奥をなし、やむことなき戯れのなかで縺《もつ》れ合うからである。私は「発明」ではなく「発見」と言う。スクリーンの栄光は、新たな空間があり、生まれつつある次元があり、われわれの目にはスクリーンの限界と見えるものをはるかに越えて動く世界があると暗示する点に存するからだ。どの絵だったか私は忘れてしまったが、ドガは国家行事を描いた大作を前にして、四人か五人を描けば群衆を表現するには十分と言った。三つではなく、十のスクリーンを横並びにしてみたまえ。上下にも同じように加えてみたまえ。そしてそこに人物を詰め込んでみたまえ。それだけでは、四角い画布上よりも印象的な群衆が得られるとはかぎらないのである。生き生きとした装飾模様《アラベスク》でもってそれらの集まりが形作る統一性という統一性をまとめあげ、いたるところに張り巡らされた沈黙の数々に気を配らなくては、何も得られない。魂はその沈黙のなかである面から別の面へ、ある運動から別の運動へ、ある量感から別の量感へと駆け寄っていき、密集と反復のなかに縺れて四散することなく、情熱の描く力線を辿っていく。また、モティーフを技術的に可能な範囲で拡大することに満足していては、一つの映像から得られるよりも上位の、いわば大洋の感覚は得られない。もし精神が独裁的に介入し、リズムが革命的に関与するがままに、空間の感覚を持続による予見のなかへと移し入れなければ、またこの一連の流れでもって、映像を三倍といわず無限に増大させることがなければ、三面スクリーンの発見はその意味を失ってしまう。

まったき詩学たるものは、知性が脈打たせるような作品のために、万有が本然に有する思いがけない様相を保存する。知性の秩序が自然の無秩序に入り込んでみせたとき、芸術作品が完成する。たとえば、アベル・ガンスの『ナポレオン』に見られるアンティーブの野営地の場面である。私はこの場面を見て、ただちにクラーナハの版画を想起した。細部のせせらぎが潤沢に聞こえるからばかりではない。線という線が蛇のごとく波打ち、そこに逸話という逸話が寄り集まっては音の震動が一筋の弦に集まるさまを思わせ、全体の構図からざわめきが溢れ出てくるようだからである。「イタリアへの出発」の場面の三面スクリーンでは、一つのスクリーンが情景の異なる二つのスクリーンに挟まれる瞬間があり、私の知人の多くを驚かせ、ほとんど憤慨させるにいたった。しかしこの場面こそ、映画には音楽の性質があることを私に気付かせてくれたのである。視覚的主題が継起的かつ同時的に反復されることで、豊かな将来性が期待されるこの芸術に音楽的性質をもたらしうるわけだ。また、それより進んだある場面で大西洋を様々に捉えたところでは、さらに大胆になり、似たような三つの映像を並べながら、真ん中のものを逆向きにしている。

私はそれを見て、この新たな帝国にさらなる一歩を踏み出そうと思った。そこでは、本質的な美的神秘が実現している。厳密に客観的な側面を蔑《ないがし》ろにすることで、自然が忘れられていく。まさに作動中の自然法則に襲いかかり、自然法則を明るみに出すこと。ただそれだけが、問題となる。

アベル・ガンスがもたらした新たな発見は、〈映画〉をこの上なき肥沃な領域へと導くと私は思う。単一の韻律が、海や群衆がかき立てる喧噪が韻律によってさらに倍増するなかに、精神の確実性を導き入れる。そして、単一のモティーフを構成する三つの要素のうち中央の一つを逆転させ、精神の確実性が纏《まと》っている単調さを打ち砕く。今後、リズムを強め、そこに変化をもたらし、リズム同士を交差させることが可能になるだろう。リズムは自然主義の絶えざる浸食に負けず、映画作品の造形的形態を擁護する一方で、調和のもたらす新たな均衡を追い求め、その音楽が展開していく永劫に深まる地平に向けて突き進んでいく。

（一九二八年）

訳注

i 『フォト＝シネ』第十二号（一九二八年四月）に掲載。三面スクリーン（トリプル・エクラン）とは、三つの映像を三つのスクリーンに投影するもので、一九二七年、アベル・ガンスが『ナポレオン』で試みた。ガンスはのちにこの方法を「ポリヴィジョン」と名付け直している。三面スクリーンを用いる『ナポレオン』の終幕では、三台のカメラを組み合わせて撮影した映像が横幅を三倍に広げた画面で展開する場面もあれば、別々の映像を三つのスクリーンに投影して、まったく新たな視覚効果を狙った場面もある。ちなみに、フォールが言及するような三つのうち中央の画面が逆になる箇所は、ケヴィン・ブラウンロウ監修の復元版には存在しない。だが、もしフォールの見たオペラ座版にもくだんの箇所がなかったとしても、そう思わせるだけの衝撃を観客に与えたであろうことは想像に難くない。おそらくオペラ座版も、復元版と同じく映像があまりに複雑に組み合わされていて、知覚に混乱をもたらしただろうと推測されるからである。たとえば、一つ一つの画面で二重に三重にと焼付けられた映像が素早いモンタージュで繋がれていきながら、なおかつ左右の画面では鏡合わせになったような左右逆の映像が使われるなど、三つの画面を用いた実験が思う存分に実践されている。何が映されているのか、一見しただけでは容易に判別がつかないほどなのだ。

アベル・ガンスの著書『プリズム』に寄せて[i]

「言葉とは、音楽の断末魔なり。……音楽とは、光の断末魔なり。光とは、神の断末魔なり」。われわれはいま、不可視のものの前に突如として立たされた。見えない事物への、薄暗い魂のなかを徘徊する事物への深き偏愛が、終始一貫してこの奇妙な書物を貫いている。読者は自問することだろう。これははたして本当に書物なのか。それとも、確立されることなき萌芽状態の何かなのか。おそらく、明日の言語芸術にはちがいない。映画が、明日の視覚芸術であるように。これら二つの無限は、捉えがたき外見をしており、新たな尺度を必要とする。そして、両者が合わさることで、超感覚的な世界が作り出される。感覚を超えた世界ではいかなるリズムが刻まれているのか、いまはまだ、われわれの知るところではない。だがそれは、科学や絵画や音楽や言葉のためらいのなかに、少しずつ感じられるようになっていくだろう。「直感とは、未来の記憶のことである」。なるほど、おおあつらえむきだ。眩暈《めまい》を起こしやすいのであれば、目を閉じるだけでいい。すると、自身の内側にある暗闇のなかに、生成変化する現実のほのかな光が指すのが見えてくる。その光こそ、〈現実〉なのである。

人間の魂とは肉体である。それが血を流すことは、周知の通りだ。そこでは痛ましい抱擁が繰り返され、結びついては離れることの連続である。二つの生物はそこで互いを探し求め、交じり合う。つまりは愛といったところ、その愛のなかで「類似の才が、いとも早く」芽生えるのである。一方は、不可視なるものに取り憑かれており、他方はこの不可視のものを、見て触れることのできる世界に付け加えたいという欲望を拭い去ることができない。このように考えれば、諸宗教がなぜ生まれたのか了解されるが、いずれの宗派にも遅かれ早かれ死が待っていることも、同時に明らかとなる。人間の魂にとって、不可視なるものには、汲み尽くしがたい美徳が備わっている。人間の魂は、不可視なるものを物質化することに心を砕くからだ。人間の魂が見えるもののなかに見えないものを集めるにしたがって、またその結果、可視なるものが増えていくにしたがって、見えないものの領域は広がっていく。可視なるものは死の始まりであり、不可視なるものは、精神の夜明けである。しかし、死にせよ精神にせよ、どちらにも終わりなどない。個人とは、その象徴を作り出すものであり、持続のなかで大きく生長するこの巨大な存在——つまり生——の知覚できない断片にすぎない。気高くありながら、人間の悲惨さを体現し、獣と神とのあいだで、いまだに十字に架けられている。もしこの存在が獣であることをやめるか、獣でしかなくなる場合があれば、つまり神になるか、神になることを諦めるかする場合があるとするならば、精神の世界が腐っていくのを、どうして感じないでいられようか。人間とは何か。精神の劇《ドラマ》である。このドラマが終わりを迎えたとき、世界はもはや存在しない。

本書に美しさをもたらしているのは、こうした神秘への感情である。本書のなかでは、精神が天へと昇りゆき、はじめから最後まで息を吐いている。私はガンスがラマルクを好むのを見て、なぜラマルクの説がダーウィンを喜ばせたのかが理解できた。ダーウィンの進化論はラマルクの思想が硬直化したもので、自由な解釈ではあるが、一面的で実証主義にすぎる。このフランスの生物学者によって謳《うた》われた詩の高みに、学者であれ詩人であれ神秘主義者であれ、到達しえた者はまだ現れていない。この詩の精神性は、功利主義的に解釈しようとする凡庸な精神の一切を、あくまで拒絶する。私はアベル・ガンスとは違って、人間の「物質的外皮」の消滅など信じていない。[ii]だが、ラマルクが辿った普遍的叙事詩の流れ——湿地帯に生息する原生動物門から人類の視線まで、すなわち思考と愛の頂きにたなびくほのかな光にいたるまでの流れ——が、その抒情の跳躍を、虚無という渦巻く抽象のなかに投げ捨てたのではないかと恐れるほど、私は無知ではない。形成途上にある有機体は、みずからに固有の自由を獲得するべくおのれの運命を受け入れながら、自身が生きるあらゆる環境にゆっくりと打ち勝っていく。そうした有機体が謳いあげる悲劇が、その永遠を得るには絶対に必要である。不死なる混沌とした塊《かたまり》を得るにはきまって有機体の悲劇が必要であり、精神は、その塊のなかで途切れることなく交流をしながら栄養を摂取し、その混沌を造形する使命を負っている。

私はアベル・ガンスが時代に先駆ける天才につねに苦しめられてきたことを知る者である。彼は、われわれの影のなかに少しずつ凝縮してゆく調和的形象を垣間見て陶然としながら、にもかかわらず、その一部しか捉えることができないと絶望している。またその一方で、彼は映画のリズムに身を委ね、そのリズムが精神の旗を見知らぬ土地に我一番に立てたいという欲望とともに加速していくなかで、自身のうちに炎がゆらめき脈打つのを感じている。アベル・ガンスが主張するには、われわれの感覚はすでに廃れ、新たな別の感覚が現れてくるという。なるほど、その通りかもしれない。しかし新たな感覚は、なんらかの支持体や形態が必要とされることを前提としている。あるいは、私は表現にこだわりはないから、ガンスがそう望むのであれば、ある外観が必要といってもいい。螺旋を巻きながら上昇する運動は途切れることなく進行し、神を求めてますます鍛え上げられていく。というのも、この運動はぐるぐると循環をしながら、ますます肥えゆくばかりの愛を掻きあつめるのであり、その循環運動もまたおのれの領域を広げながら、ますます陶然とさせるばかりの体液を、ますます中身の詰まっていくばかりの骨髄を、ますます塩で重くなっていくばかりの骨を道連れにするからである。生という名の鍵盤は、懐疑主義と神秘主義とが荒々しく叩く低音から高音へと幅広く並んでいる。アベル・ガンスはむろん、忘れてはいまい。ブレーズ・サンドラールが最近彼に捧げた鋭敏な書物の劈頭で、エピグラフとして掲げていた一節を――「いかなる哲学であろうと、素晴らしい愛の一夜には相当しない」[iii]。

　ミシュレがラマルクについて「彼は、精神の循環を形態から形態へと辿ることで再び立て直した」と言ったとき、ミシュレには分かっていた[iv]。創造主の甚大な直感の深みへと、つねに創造過程にあるその深みへと入り込むには、天へと昇りゆくこの円環を辿るほかないのだ、と。ガンスが生ける現象の法則を摑みとるのもまた、この円環のなかにおいてである。形態とは外観にすぎない。しかり、ごもっとも。だが、形態を理解するには、形態を内部から彫刻しにかかる精神を見失ってはならない。精神とは、形態を内部から彫刻しうるというこの能力によってのみ考えられうるもので、生とはつまるところ、形態と精神とが互いに互いを明らかにすること――その意味で生は、死に絶えることなき闘争から逃れられない――にほかならない。ラマルクはイエスを補完するのに必要な待望の存在であった。彼はパウロを打ち負かした。汎神論と唯心論という許しがたき二つの乱用に永遠に創造を繰り返す統一性を与えて、両者を調和してみせた。そして、生物学の織りなす劇《ドラマ》のなかで、ゴルゴタの丘で繰り広げられたドラマのもっとも高き意味と出会ったのだ。パスカルはかつて、このゴルゴタのドラマの本質を決定的なかたちで言い当てた。「イエスは、世界の終わりまで臨終でありつづけるだろう。かくなるときに眠ることなど許されようはずもない」[v]。

思うに、古き神秘主義の扇動者と若き科学の予言者という激しく対立する両者が、現在、一緒になって描き出している信仰があらわとなるのは、劇がこうして一体となる場所以外ではありえない。つねに生成変化をやめないこうした調和こそが、本書『プリズム』の実体をなしている。混沌として、若者を驚かす感情に満ちており、現実を忘れさせるような雰囲気を湛えながら、小説のごとくに物語が語られているようで、栄光と苦悩とが縒《よ》り合わさってできた金色に輝く頑丈な糸によって紡がれている。ときに趣味と節度を欠いているが、本書はどこを切り取ってもひらめきに溢れている。これはすでに〈映画〉なのだ。いや、いまだに〈映画〉だというべきか。ここには、ガンスの映画作品が教えてくれた驚くべき霊感と感情の急激な落下とがある。もしくは、詩と科学との婚礼の寝台を整えねばならぬと頑なに考えている点にいたるまで、〈映画〉なのだ。人類が手にするあらゆる方法のうちで〈映画〉のみが、詩と科学との結婚を実現できる。映画は、みずからの発展の日常的な実践のなかでそれを実現する。映画は、内在的神秘主義の到来を待ち望んでおり、驚異の想像力が、すでに、そのヴォールトを確固たるものにしようとしている。だが、話が映画となると、信仰を持つ人々は科学を愚弄してみせ、魂を持たない科学者たちは頼りない亡霊と化し、ミイラと成り果てる。風によって起こされる石鹸の泡だの、進みゆく大型船の船体にこびりつく貝類だのと変わらぬ姿をさらしている。いずれにせよ、映画を前に、誰もが心の平安を求め、それを失うことを恐れている。石礫《いしつぶて》に身を引き裂かれることがないように、神の生み出す奔流に飲み込まれまいとしている。

　映画がガンスに負っている技術的武器については、誰もが知るところである。素早いモンタージュ、動きのある撮影、三面スクリーン、二重焼付けの変化に富んだ新しい使い方。こうした比類なき道具立てのすべてが、見えないもののなかでの跳躍を可能とする。またそれは、彼がどこかで「天才の意志」——壮大な言葉だ——と名付けていたものの徴《しるし》であり、その一つ一つが、こうした逃げ去る映像を垣間見せる。われわれの精神性を豊かにしたあとも、そのリズムを果てしなく幾度にもわたって再現する捉えがたき映像を見せてくれる。彼は、これまたどこかで、早送りで生長する花について語っていた。スローモーション……。クイックモーション……。これは、われわれの目の前で誕生する世界なのだ。ここでは、感覚と観念とをかつて分け隔てていた間隔に宝物が埋め尽くされ、われわれの内的連続性は次第におのれに自覚的になる。そればかりか、以前はわれらのうちに存した巨大な侘びしさにすぎなかったものが生きられ、感じられ、作り出され、湧き立つ沈黙のなかを満たしていく。ただちに了解されるのは、このような書物を執筆しうる人物が、あくまで視覚交響楽という片言の言語を雄々しくも選びとり、新しき世界のいまだ定まらぬ海岸に、上げ潮を利用して押し寄せんとしたということである。深遠なる書物である。神的なるものはこれを押し流し、人間的なるものは、これをわれらのうちに留めさせる。本書の著者はまるで、こう告白するのをためらっているかのようだ。自分の羽にとって、現行の世界は負担を強いている。出来事の序列に従って、いやむしろ観念の序列に従ってこの世界を理解するには、あまりに上空にいる。なんとかして、どこか他の場所でこの世界を生きようとし、天才的幻視者に固有の予見にとどまるほかない絶望に取り憑かれているのだ、と。だが、そこにほとばしる感情は、現行の世界のはるか上空を飛翔する〈勝利〉の死によって、彼の心臓からもぎとられ、こうした感情のほとばしりが、なぜ永遠なる勝利はかくのごとき没落よりなるのかを教えてくれる。熱狂と苦悩とが必然的に結びつくことで、神の啓示が実現する。悲劇の円環である。生きることをやめたくないのであれば、苦しみを受け入れるほかない。このように、本書が呼び覚ますもろもろの「観念」は、私にとって貴重なものである。こうした諸観念が生と再生とを絶えず繰り返しながら、一人の友人の心臓のうちで脈打っているのを耳にするのは、かえがたい喜びである。

（一九二九年）

訳注

i　本稿は、アベル・ガンスの著書『プリズム　ある映画作家のノート』（ガリマール社、一九三〇年）に寄せられた序文である。

ii　「いつの日か、無駄な身体という、この物質的外皮は消えてなくなることだろう」と、アベル・ガンスは書いている。

iii　ブレーズ・サンドラールの小説『ダン・ヤック　プラン・ド・レギュイーユ』（ラ・シレーヌ社、一九二九年）のこと。

iv　Jules Michelet, *La Mer*, 1er édition, Hachette, 1861, pp. 151-152. 邦訳＝ジュール・ミシュレ『海』、加賀野井秀一訳、藤原書店、一九九四年、一二〇頁。

v　Blaise Pascal, *Le Mystère de Jésus*, in *Jésus*, G. Michaut (éd.), Paris, Payot, 1942, p. 96.

S・M・エイゼンシュテインと未来の映画[i]

いくらかは自分の方針として、いくらかは怠惰なため、またいくらかは無駄との思いから、私はアンケートには答えないことにしている。しかし、〔一九三〇年〕二月十九日に『ル・マタン』誌に掲載された『全線』をめぐる唾棄すべき記事を見て、義務が生じてしまった。この作品をこれまで映画において行われた労力のうちでもっとも貴高いと見なす者ならば、黙ってはいられまい。私はエイゼンシュテインに共感する者である。かつて抱いた憧れが、いま再熱している。

エイゼンシュテインの論考「未来の映画」は、ある芸術の未来を信ずる人々に決定的な段階を踏み越えることを促した。[ii] つまり、完璧な交響楽的言語――形態と、光と、音響と、運動と、あらゆる次元における持続のなかで展開する音楽と、空間の諸機能とを兼ね備える言語――で、外観の世界と精神の世界とが素晴らしい複雑さを保ったままで視覚的に結びつくさまを表現しうる芸術の未来を信じる人々に、である。ついでに言っておくが、エイゼンシュテインはいまのところ唯一の人物――ちなみにチャーリー・チャップリンは映画的に思考した最初の人物――で、この論考のなかで提起される問題に取り組み、ひいては創作を通して解決してみせた、ただ一人の人物である。

映画といま形を成しつつある社会とのあいだには、ひとまず中世にまで遡るなら、ヨーロッパにおいては建築とキリスト教社会との関係と、カンボジアやジャワ島や韓国や中国北部においては建築と仏教社会との関係と同じ関係が成り立っている。映画は本質的に、集合的な表現手段である。無数の個人が参加し、みなが協力することが必須となる。無数の専門性が必要であり、また毎日のように無数の専門性が作られる。そして、無数の専門的な道具がなくては話にならない。これまでは、建築がこういった特徴をすべて備える唯一の芸術だった。また同様に、群衆の奥深くから湧き上がった高揚は、フランス革命以来人間社会を揺り動かし、次いでロシア革命によってその意味を獲得するにいたったが、それは、中世において精神的なものがじわじわと浮上してきた現象と実際に比較できる唯一の事象である。仏教がその始まりにおいて、パラモンたちの権力に逆らって、政治的であると同時に宗教的な性質を備えた運動を展開したことを思い出すべきである。また、偉大な大聖堂《カテドラル》の数々が現れた時期は、民衆蜂起が封建制とカトリックの桎梏からの解放を促し、職業団体が中心となって自治都市《コミューン》を成立させたのと軌を一にしていることを忘れてはならない。映画が科学と美学の領域で生じせしめた集合的現象と、労働組合《サンディカリスム》と共産主義が政治と社会の領域で起こしてみせた集合的現象とのあいだには、偉大なる建築の隆盛と中世社会の成立とのあいだに見出される関係のように、厳密な並行関係が成り立ち、必然的な調和が生み出されている。もしカトリシズムが中世社会の形成に寄与したとするなら、百科全書と社会主義体制と前世紀の科学といったものが、われらが革命の時代を主導しているといっても許されるだろう。

いや、そんなことはないと反論されるのは承知のうえだ。中世芸術には神秘主義に根ざした性質があったではないか、と論じる人もいよう。私はそれに対し、まずこう答えたい。中世において、世俗建築と宗教建築とは同等の価値を担っており、同業組合の発展はキリスト教徒の爆発的増加と密接に繋がっているのである。ベルギー西部イーペルにある衣料会館(一二〇〇-一三〇四年)やフランスのアヴィニョン教皇庁(一三六四年)がその例証である。そして次には、こう返したい。キリスト教の信仰と革命の情熱を対立させる者は、この革命を求める情熱を外側から見ているにすぎない。彼方への渇望は、神秘主義にのみ見られる特徴ではない。集団が抱く希望というものは、おしなべて、神という統一性を猛烈に求めることを意味する。

だいぶ前のことになるが、私はこう書いた。[iii] もろもろの出来事が芸術家に一人残らず押しつけるか勧めるかする「主体」なるものは、その実、芸術家を隷属するなどもってのほかで、むしろ解放へと導く。主体なるものは彼らの精神に無駄な探求をさせることなく、知的かつ情動的な資源のすべてを内的映像の実現に向けさせるが、この「主体」はそのとき内的映像の枠組みとなり、飛躍台となる。私はまた、こうも書いた。宇宙が神の思考として――つまり、人類の精神的合一として――見られた時代には、科学と芸術が固く結びついたままだった。ミケランジェロはもっとも悲劇的な時代に、ルネサンスの劇《ドラマ》を表現してみせたが、それは一時的だが必要な分離が訪れたことから生じたものだった。古代世界の終焉時と同じく、人間を引き裂かんばかりの分離が引き起こされたときの話である。私は最終的に、こう結論することになったが、それを繰り返すのにこれ以上格好の機会もなかろう。なぜなら、私は「個人」としてのエイゼンシュテインを知っているからである。個人主義が、集団作品を作るという目的に向かって集団のうちに巻き込まれるとき、個人がそこで増大するかぎりにおいて、個人主義の名に傷がつく。現に、このような集合的作品——映画であれ建築であれ——を前にする個人が置かれているのは、オーケストラの匿名的な力のなかに入れられた演奏者の状況と似ており、その演奏者はみずからの虚栄心と逆比例するかたちで、またみずからの個性と直接連動するかたちで、オーケストラの力を増大させる。もし〈映画〉が個人主義からわれわれを解放しうる社会の一体的な応力に奉仕し、社会を一つにまとめるこうした応力の発展を保障するべく、個人の精神的資源の一切を刺激し使用するのだとすれば、映画を比類なき交感《コミュニオン》の道具と見なすことはあながち間違いではない。おそらく火が発明されてから、そして建築の時代以来であれば確実にそういえるのだが、映画に匹敵するものは現れていない。人類がこうした交感の道具をその手中にしたのは、かつてないことである。

（一九三〇年）

訳注

i 本稿は、映画批評家レオン・ムーシナックが行った、セルゲイ・ミハイロヴィチ・エイゼンシュテイン（一八九八－一九四八）に関するアンケートに対する回答として書かれたもの。エイゼンシュテインはソ連の映画監督で、独自の「モンタージュ理論」を編み出すなど理論家としても重要な人物である。レオン・ムーシナックは、『全線　古きものと新しきもの』（一九二九年）の試写会に立ち会った作家や批評家や映画作家に、エイゼンシュテインの思想および作品についての所見を求めた。『モンド』誌は、第七十六号（一九二九年十一月十六日）に「未来の映画」と題したエイゼンシュテインによる論考を掲載しており、このアンケートは、そこで表明された彼の思想とその結晶とも言える最新作『全線』の重要性を見定めるべく行われた。『モンド』誌は、第八三号（一九三〇年一月四日）でアンケートを実施していることを告げ、翌八四号（一九三〇年一月十一日）では、ムーシナックによる依頼文を掲載した。エリー・フォールによる回答は、第九一号（一九三〇年三月一日）に掲載された。ちなみにこの間、パリではエイゼンシュテインをめぐって検閲問題が沸き起こっていた。一九三〇年二月一七日、ソルボンヌ大学にて『全線』上映会が予定され、監督本人による講演「新たなロシア映画の諸原則」が行われるはずだった。しかし当日になって警視庁が上映を禁止し、講演は警官立ち会いのもとでのみ許可される。またエイゼンシュテインは、フランス滞在ビザの延長を申請するも拒否されてしまう。一連の事件を受けて、翌三月には、ジャン・ポーラン主導で作成された陳情書が内務省に提出され、結果、滞在延長が認められた。陳情書には、六十名以上の著名な芸術家や作家、画家、音楽家、映画作家などが署名し、そこにエリー・フォールも名を連ねたのは間違いないと推測されている。（Cf. Élie Faure, *Pour le septième art, op. cit.* pp. 188-203.）

ii 訳注iで言及したエイゼンシュテインの論考「未来の映画」を指す（『モンド』誌、第七十六号、一九二九年十一月十六日掲載）。『イスクゥーストヴォ』第一－二号（一九二九年）掲載の「展望」とほぼ同内容の論考だが、正確には「未来の映画」は「展望」とはところどころに異同のある仏語版独自の論文である。「展望」には邦訳が二つある（「展望」、『エイゼンシュテイン全集』第六巻、エイゼンシュテイン全集刊行委員会訳、キネマ旬報社、一九八〇年、五〇‐六二頁。「展望——〝知的映画〟論」、鴻英良訳、『エイゼンシュテイン解読——論文と作品の一巻全集』、岩本憲児編、一九八六年、八六‐一〇一頁)。また、ドイツ語で一九三一年に発表された論考「概念の映画」も、「展望」のヴァリアントであり、「未来の映画」と同内容である(「知的映画」、『映画の弁証法』、佐々木能理男訳編、角川文庫、一九五三年、八六‐九八頁、がその邦訳だが、同書は前出『エイゼンシュテイン解読』では、「重訳かつ不十分な翻訳のため、テキストには使えない」とされている)。論考「展望」は、キネマ旬報社版『全集』の原注によれば、「未来の映画の方向」に関する「独自の宣言」であり、「エイゼンシュテインが一九二〇年代後半に行った、映画的イメージの分野における探求と実験の総括」である(『エイゼンシュテイン全集』第六巻、前掲書、六〇頁、原注一)。エイゼンシュテインはここで、その理想を「知的映画」と名付けている。「情緒的な映画、記録的な映画、そして絶対映画の綜合としての知的映画。知的映画だけが「論理の言葉」と「イメージの言葉」とのあいだにある不調和を解決することができる。映画的弁証法をもつ言語の基礎において、それが可能である」(同前、五八頁)。ちなみに仏語論考「未来の映画」ではこの一節のあとに、「知的映画は、概念の映画となるだろう」と続く。「知的映画」という概念に関しては、大石雅彦『エイゼンシテイン・メソッド　イメージの工学』、平凡社、二〇一五年、四三六‐四三八頁、「第三章」註(1)に詳しい解説がある。

iii　エリー・フォール自身がはっきりと認めているように、本稿は以前の議論をたびたび繰り返しているが、その多くは「映画神秘主義序説」から採られている。一九三四年の最終稿とは若干の異同があるものの、フォールは自分の文章を引用符抜きでほぼそのまま引用することで、全体の七割以上を埋めている。その点では、一九二七年から三四年にかけて幾度とない改稿を経て完成された「映画神秘主義序説」の生成過程をここに見ることができる。だがより興味深いのは、フォールによる自己引用の身振りからは、エイゼンシュテイン作品に自身の映画観が結実しているという認識が暗に読み取れることである。フォールとエイゼンシュテインの思考の親近性に関しては、バルテレミー・アマングワルが興味深い指摘を行っている。彼は、大著『エイゼンシュテイン万歳!』において、フォールの著作からの引用とエイゼンシュテインの文章とを交互に並べ、両者の思考がいかに合致しているかを示した(Barthélemy Amengual, *¡Que viva Eisenstein!*, Lausanne, L'Âge d'homme, coll. « Théorie et Histoire du Cinéma », 1980, pp. 607-

610)。ちなみに、フォールは一九三一年夏に旧知の画家ディエゴ・リベラを介してメキシコを訪ねた際に、『メキシコ万歳!』を撮影中のエイゼンシュテインと会うことになる。

戦争映画と平和主義[i]

私は、戦争映画がどれほど醜悪なものを見せようとも、それが平和に向けた有益な布教活動《プロパガンダ》になるとは思わない。私の考えでは、戦争映画はむしろ戦争に向けた有益なプロパガンダになる。アステカ芸術には、死体を細かく切り刻み、血のモルタルで接合したように見えるものがあった。ポリネシア芸術の残酷さは、あの雑多な組み合わせからなる怪物が物語る通りである。ヒンドゥ芸術には、自分が殺した者たちの血に身を浸す、あの残虐なカーリー〔戦いの女神。「黒い者」の意〕がいた。イタリアでは、地下祭室の壁を朱に染める子供たちの虐殺があった。殺戮の場面を写実的に再現したものもあったし、現代の巨匠の多くが現実の殺戮の場面から嬉々として着想を得た。ティントレット、ルーベンス、カロ、ゴヤ、ドラクロワらである。しかしこうした一切は、われわれの本能のほとばしりを制御することはなかった。作品の美しさを味わうことができれば、それを生み出したきっかけに思いを馳せることなど一秒たりとないものである。またそのように美を味わう能力がないと、サディズムに通じる好奇心から、そこに描かれる光景を強欲に貪《むさぼ》ることになる。いずれの場合にしても、こうしたおぞましい情景を前に苦しみを感じるのがどのような人物かはおのずと分かるはずである。必要な犠牲の悪魔が、十字に架けられた英雄精神が、劇《ドラマ》のなかでの規律と制御の必要が苦しみをもたらす。素朴であると同時に厳しい意識は、自分と向き合いながら、ドラマを満足させなくてはいけないと思い込んでいる。

すでに消失したものであれ現在残っているものであれ、ありとある表現形態と同じく、映画は芸術作品を待ち望む宿命から逃れることはできない。ある者は美を望み、またある者は珍奇を求める。思うに、シャルル・ヴィルドラック〔二十世紀初頭から活躍した、フランスの作家・詩人・劇作家・童話作家。反戦主義者〕が、「好戦的」とされることはないだろう。われわれが『西部戦線一九一八年』（G・W・パブスト監督、一九三〇年）を見終えて、劇場の階段を降りたときに最初に交わす会話は、きまって作品の芸術的価値をめぐるものだった。プロパガンダや道徳性を問題しようなどとは一寸たりと思わなかった。

戦争をなくすこと、それは本能の問題である。教育の問題ではない。まったくそうでないとはいわぬまでも、ほとんど教育とは関わりがない。また、法律の問題でもない。いやはや、まったくもって、法律とは関係がないのである。いまは、それがよく分かる時期だ。いまや誰一人として、満腹になって洞窟の奥で眠りに耽る怪物を刺激しようなどとは考えない。もちろん、怖いからである。この怪物と争ったことがない者でさえ、怖れている。少なくとも私には、この怪物に関する想像力を目覚めさせるのは、軽率かつ無益であるように思われる。私に言わせれば、このような恐怖の感情は死の観念とはなんの関係もない。苦しみとも関係がない。そうではなく、人間性そのものが消滅するのではという漠然とした直観と関わりがある。廃墟が意図的に生み出され、殺戮が執拗に繰り返されるなかで、人類の滅亡をなんとはなしに直観し、怖れているのである。

（一九三一年）

訳注

i　本稿は、『ラ・ルヴュ・デュ・シネマ』のアンケートに答えたものである。エリー・フォールの回答は、第三三号（一九三二年五月一日、「戦争映画」特集号）に掲載された。戦争映画は「平和主義のプロパガンダ」になりうるか。戦争映画は、戦争反対を広めるのか、それとも戦争賛成を広めてしまうのか。雑誌の問いかけに対し、二十二名の知識人が回答を寄せている。

生粋の映画作家――『アタラント号』の作者ジャン・ヴィゴ[i]

「フランス人は映画をまったく分かっていない」とルネ・クレールは言った。ルネ・クレールは不運知らずの映画作家、われらがフランスの最高峰である。彼の言い分は正しい。なぜかといえば、フランス人は話し好き――でなければ聞き好き――であって、視覚的ではないのだから。単に饒舌というよりも、無駄話とそれをする人が好きなのである。いつでもきまって、映像を言葉に置き換えようとする。ひどい話である。おそらく、そもそも映像を言葉にするなど不可能であり、愚かな振る舞いなのだ。それなのに、小説仕立ての物語が台詞とともに展開するのを気にかけるばかりで、その他の美しさには無関心を決め込んでいる。照明の美、リズムの美、対照《コントラスト》の美、量感《ヴォリューム》の美、移り変わり《パサージュ》の美。これこそ、映画とは何かを知るために必要かつ十分な現実である。

*

そのようなわけで、フランスには真に映画作家と呼べる存在が少ない。仮にいたとしても、すぐさま意気消沈してしまうことだろう。ところがここに一人、ジャン・ヴィゴがいる。その作品の一つはあまりに想定外すぎて、忘れられた。その作品の一つは、価値観を転覆させかねない痛ましい考えが表明されていて、禁じられた。その作品の一つは、なぜか、まだ公開の目処《めど》が決まらない。それぞれ『ニースについて』（一九三〇年）、『新学期・操行ゼロ』（一九三三年）、『アタラント号』（一九三四年）という題名が冠されている。[ii]

ここでは『アタラント号』のみを取り上げよう。『ニースについて』は無声映画であり、無声映画はいまでは人を惹きつけることもなく――観客がどう思っているかは定かではないが、いずれにせよ映画館の支配人は無声映画を嫌っている――、それゆえ、かの天才チャーリー・チャップリンは墓場のなかへと生きたまま葬られた。また『新学期・操行ゼロ』は、一部の観客にしか届かなかった。制度的思考に守られた観客に触れることはなかった。ちなみに制度とは、秩序を体現すると思い込んでいるが、その実、恐怖しか意味していない。

では、『アタラント号』とは何か。これは人類についての映画だ。貧しき者のうちにある人間性である。作業着を着た男がいて、ドレスを纏《まと》う女がいる。テーブルクロスの上にクリスタル製の煌《きら》めく食器などない。ここにあるのは雑巾や鍋や桶。それからパンと飲み物。ほのかに灯《とも》る控えめな明かりが、河から立ちのぼる霧のますます全体を暗ませるなかで光っている。汚い家具と薄い板壁とのあいだで、レンブラントにわずかに見出せる影が、ゴヤの邪悪な影と溶け合わさる。

ギター。邪魔者の猫。舞踏を彩る大仰な仮面。わら人形の怪物。瓶詰めの手。これらが奇妙な香水となって、異国情緒と詩情を香らせる。老いた船乗りが通ると、酒と煙草の匂いが混ざった、この奇妙な香水の香りが漂ってくる。きらきらと輝く海が予期せず光を放ち、この形容しがたい光線がみすぼらしい船倉に差し込んでいる。滑稽な道化師が安っぽい手品でもって悪魔のように近づいてくる。だが貧しき人々は、誘惑に負けはしなかった。運河を通り、河を渡りゆく船が一つの街に留まっている。私はいつでも光の束に思いを馳せていた。遠く離れた灯台が光を放ち、巡っている。そして黒光りする水上を漂う残骸や死体や藻の集まりを照らしている。深い奈落の表面に輝きが与えられる。

「映像は美しい。だが、リズムがない」。大御所の作家先生は、劇場から出るなり口にした。私はまったくそう思わない。なんといっても、数年前から、リズムなるものが強迫観念のごとくわれわれみなに取り憑いている。リズムという観念が、戦争の轟音からいまだに覚めやらぬヨーロッパへと持ち込まれ、ほどなくして微睡《まどろ》みと高ぶりとが陶然と混ざり合う状態が訪れた。それを促したのは、ジャズやタンゴをはじめ、異国情緒溢れるダンスや黒人彫刻などへの情熱であり、社会が機械化されていく進歩の過程であった。機械化するにあたっては、リズムを帯びた音響がそれにふんだんにともなっていた。こうした機械主義の趨向は、いわば、政治的に無政府状態となった社会に新たな秩序を導入するために、ぜひとも必要とされたものだった。

＊

それればかりではない。おそらく、アメリカ映画――私はそこにわれらが主《あるじ》がいることを主張する――が、その固有のリズムをわれわれに押しつけたのである。アメリカ映画のほかで、かようなリズムに出会うことなどありえない。そこではリズムが加速させられ、際立たせられている。美しく鳴り響き、輝きを纏いながら、棒や竿のごとく断固とした調子を崩さない。身振り。身体の所作。俳優の唇の動き。ナイフの煌めき。息も切れ切れなオートバイの吐息。燦々《さんさん》と輝くほのかな光。慌ただしい電話局の震え。いたるところにリズムを見出すことができる。われわれに特有のリズム、そう、これこそまさしくわれわれのみが有するリズムである。われわれは緩慢に生きる民族であって、たしかに静的なところがある。だが、精神の律動はつねに平均的感情と理知的感覚とのあいだを揺れ動いている。精神の刻むリズムは、ホイットマンの足音よりも、ラ・フォンテーヌの立てる足音に慣れ親しんでいる。

それを理解するには、時代の求めるものを超えてみなくてはならない。自己の奥深くへと分け入り、習慣となったお決まりの表現のうわべを削り落とさねばならない。そして、われわれが覚えたばかりのあの普遍言語に対し、何をもたらすことができ、何をもたらすべきなのかと、それぞれの人間集団に問いかけねばならない。というのも、きわめて特異なことであるが、ドラクロワとコローとはすぐれて同時代を生きていた。ドラクロワは情熱でもって事物の内部を打ちつけ、事物の実体を外部に投影させている。他方コローは、それら事物には共鳴関係がないと見えるところに、それらすべてを階層づけられた秘密の運動へと送り返す。コローは世界の秩序にさりげなく疑問を呈す。自身の欲望をそこに投影することはない。また自分の得意なようにそれを描こうとすることもない。

なるほど、ここに映し出される風景を前にして、私はたしかにコローのことを考えずにはいられなかった。水が流れ、木々が茂り、穏やかな河岸に小さな家々が並んでいる。銀色に輝く航跡を残しながら、船がゆっくりと進んでいく。コローの完璧な配置。みずからを律する、あの見えない力。視覚的な劇《ドラマ》のあらゆる要素がすべてを優しく包み込みながら、あの見事な均衡を見せる。真珠と金が透明のヴェールとなって、鮮明な画面と確かな線描を覆っている。おそらくこうしたことが、ジャン・ヴィゴ作品の精神を呼吸する喜びをなにより評価するようにさせたのだろう。明確に枠取られ、絵具が無駄に塗り重ねられていない。要するに一言でいえば、古典的な絵画のなかに、私はジャン・ヴィゴ作品の精神が宿るのを見る。暴力的といっていいその精神は、熱を帯びて高ぶりながら苦しみ、理想で満ちあふれ、自由奔放な幻想を羽ばたかせる。辛辣で悪魔を思わせるほどのロマン主義がいっぱいに詰め込まれているのだ。しかしそれでいながら、いつも人間的なのである。

（一九三四年）

訳註

i 『プール・ヴー』第二八九号（一九三四年五月三十一日）に掲載。ジャン・ヴィゴ（一九〇五－一九三四）は、フランスの映画監督。本稿が掲載されたのと同年、一九三四年十月五日、敗血症により二十九歳で帰らぬ人となる。若くして亡くなったため、わずか数本の作品しか残さず、また生前も不遇を託ったが、ヴィゴの作品はいまだに珠玉の輝きを放ちつづけている。

ii 『アタラント号』は、一九三四年四月二十五日にパレ・ロシュシュアール劇場で上映された。だが、一般公開されるまでその後五ヶ月もかかり、いくつもの修整が課せられ、『過ぎゆくはしけ（*Le Chaland qui passe*）』とタイトルも変えられた。まったくの別物に仕立てられてしまったのである。フォールはパレ・ロシュシュアール劇場での上映に立ち会い本稿を執筆したが、それが発表される直前にヴィゴに宛てて手紙をしたためた。一九三四年五月二十五日付けのその手紙のなかで、彼は『アタランタ号』の作者に対して「あなたはフランス映画のまさに先頭集団を走っている」と、監督が好きなスポーツの比喩を用いて賛辞を送っている（Cf. Pierre Lherminier, *Jean Vigo. Un cinéma singulier*, Paris, Éditions Ramsay, coll. « Poch Cinéma », 2007）。

イタリアの映画小屋[i]

イタリアが映画に注ぎ込んだ力は、そのすべてがヴェネツィアに集まっていたような気がする。[ii]私は九月の初頭にイタリア半島の中央を旅し、はじめの一週間をローマで過ごして、次にフィレンツェを訪れた。だがイタリアの劇映画を見ることは叶わず、高級な劇場でも大衆向けの小屋でも、いたるところでアメリカ映画がたいてい吹き替えで上映されていた。言っておかねばならないのは、吹き替えがわれわれフランスのものよりも巧みに実現されていると思われたことである。吹き替えの外国映画を見るときに感じる不快感はなかった。フランスでは、言葉に対して口や表情や手の動きが早かったり遅かったりするのを感じて、身体的な苦痛を味わってしまう。映画はこの問題を懸命に解決しようとしないかぎり、普遍言語としての美質を失いかねない。私がイタリア語を十分に解さず、俳優の唇の動きと音節の発音とがうまく同期しているかどうか、よく分かっていないからかもしれない。しかしながら、フランスと比べるとイタリアの俳優の方が、より正しく、より生き生きとした抑揚でもって発声しているように思えた。

＊

声を出すときの抑揚の使い方で、喜びや愛や怒りや好奇心が表される。イタリア人の発声は、フランス人よりなめらかで色彩豊かであって、学校で教わるたぐいの朗読法と無縁なのは間違いない。彼らはみずからの台詞を存分に生き、台詞に宿る精神を見る者のうちに巧みに染み込ませてゆく。対話であっても独白であっても、その潑剌さ、その不安、その情熱は真に迫っており、私に類例のない幻想を抱かせた。アメリカ人俳優の抑えた演技は、イタリアの優しさと激しさを前に、内部から押し出されてしまったように見えた。過剰な身振りを批判することもできるだろう。だが、言葉は運動と固い絆で結ばれているのだ。まさに、形態と精神とが結びついているように、両者は固く繋がれている。

ところで、イタリア映画から観客がかつて遠ざかったのは、その大げさな身振りのためではなかったろうか。映画が生まれたばかりのころ、野外撮影の美しさが大きく寄与し、イタリア映画の大げさでこれ見よがしなところが好まれた。いまではすでに無声映画の時代を終えたとはいえ、いくつかの作品はこの芸術に秘められた可能性を早くから伝えていた。当時はまだパントマイムの影響が強く、映画はそれを補強するものになるべきと思われていたわけで、パントマイムの滑稽さが目に見えるものとなったのは、ひとえに照明の力と技術改良のおかげであった。戦争〔第一次世界大戦〕の始まる前は、いまの世代をかくも楽しませたイタリア映画を見たところで、いっこうに笑う気にはならなかった。われらの関心は当時、身振りがことさらに様式化されることにあって、身振りの様式化が現在のように失われることなく、視覚的なものにまつわる慣習にしかと根付いていたのである。

ことによると、われわれは自国の映画にもまして、かつて特別に好んで受け入れていたこれらのイタリア映画を見直すことができなくなってしまうのかもしれない。イタリア映画を見ることを学ばず、その見方を習うこともできなかったからである。しかしそうはいっても、われわれはイタリア映画に多くを負っている。それが背景とする風景——概してローマの風景——には、造形の力が宿っている。イトスギやカサマツ。飾り気のない建物。そして黒と白とが素晴らしき対比を生み出す。また、スタジオの内部で人々がバレエのごとくに動きまわるなか、ふと動きのやんだときに感じた驚きも忘れがたい。あるとき、椅子の背もたれに肘をつく少女を目にして、システィーナ礼拝堂の天井から降り立った人物の前にいるかのような幻想を、突如として抱いたことがあった。

＊

いずれにせよ、イタリア旅行の最中、パリですでに見ていてさしたる関心を惹かない作品であると、私は台詞を追うのに難儀するかわりに、観客を見る、いや聞くことに熱心になった。演劇に関して、「真の舞台は劇場にあり」とはさかんに言われたものである。舞台芸術をめぐる価値観を転換すれば、映画では「聴取」までもが劇場にあるといえる。演劇では明るい劇場のなかで言葉が広がっていくことが求められるのに対し、映画では映像を見るためになにより暗い空間が必要とされるといった、既存の価値観をひっくり返してしまえばよいわけだ。さらにいえば、映画では幕間の時間それ自体がきわめて興味深いものとなっており、とりわけイタリアではそうなのである。舞台がほとんど途切れることなく、たいてい屋外の空の下で繰り広げられる。わが国では古い地下蔵が使われるように、古い中庭が劇場となり、人々の出入りがつねにあって、きわめて自由に入退場ができ、劇場の案内係は存在しない。フランスと比べると、観客の見識もすぐれている。現にわが国では、舞台を見に行くと、ミュージックホール風の安っぽい出し物で遮断されることがままある。告白すれば、それを楽しみにすることがないのだから、見に来たわけでもない演目を無理矢理見せる劇場の方針に悪態をつきたくなってしまう。

私がよく足を運んだのは、トランステヴェレとオルトラルノの大衆向けの映画小屋であった。そこでは、真に民衆と呼べる者たちの心臓が脈打っていた。というのも映画館の入場料は、ローマでは一リラから一リラ五十チェンテシミ――軍人であれば七十チェンテシミ――ほど、フィレンツェでは六十チェンテシミから一リラといった具合で、財力に乏しい人々に銀幕が身近なものとなっていたからである。おそらくそれゆえだろう。劇場では、七歳から十五歳の子供を多く見かけた。彼らは、日が暮れるころに出会った人々と同じだった。社会からこぼれ落ちた愛すべき彼らが路地にたむろしているところに、ジャニコロの丘から降りてきて出くわすこともある。ピッティ宮殿やカルミネ広場に集まるのを見ることもあった。劇場には、子供たちは一人で来ていた。両親の許可を得ていたのかどうかは分からない。ぼろを纏《まと》っていたが、汚くはなかった。新体制のイタリアでは、子供は貧しくとも清潔にしていた。ただ、乳飲み子についてはまた別で、母親が家で面倒を見ることのできない多くの赤ん坊がいた。こうした映画小屋でなにより心を打ったのは、そのような乳児の存在と、彼ら若き観客が礼儀正しくおとなしくしていて、赤子の泣き声をほとんど聞かなかったことである。フランスと同じく、スクリーンの呼びかけに応じて暗き魂の奥底に眠る感情をあらわにするのは、きまって犬の役割とされていた。ついでに指摘しておけば、イタリアの民衆は視覚的想像力にきわめて豊かであり、映画に向けられる子供たちの情熱から膨大な知的資源を引き出すことができる。[iii] つきつめていえば、映画が子供の知性に悪影響を及ぼすと非難するのであれば、映画には、子供の活発さや個性や柔軟さの発展にたしかに寄与するものがあることを忘れてしまうことになる。

　大人もまた、子供と同じく節度を保ち、控えめにしていた。服装はもちろん普段着である。セーターを着ている人もあれば、上着を羽織らず、シャツにズボンのままの人もいる。作業着のまま上映に駆けつける人もいる。たしかにある晩、やおら靴を脱ぐと、前の客席の上に両足を乗せた女性はいたが、観客の態度はいたって礼節を重んじている。私は、映画が上映されているとき、大人も子供も沈黙を守っていることに驚かされた。イタリアの北部や南部ではまた事情が異なるかもしれない。だがイタリア中部——首都ローマばかりでなく、ウンブリア州やトスカーナ州——では、宗教的ともいいうる極度の集中力にまず心を奪われる。私はまたしても、映像に対するイタリアの情熱をここに認めないわけにはいかない。喚声を立てることがない。ほとんど笑い声が聞こえない。いつでもきまって控えめである。わが国の場末の観客がよく行っているように、スクリーンに向かって呼びかけることなどありえない。イタリア中部の観客の反応は、それとは著《いちじる》しく異なっていた。

*

私はチャーリー・チャップリンの古い映画を一本見た。なかでも美しい作品の一つ『チャップリンの番頭』（一九一六年）である。まず上映がよかった。やはり、パリとは違う。高級な上映劇場ではなく、大衆向けの映画小屋となると、利益を上げるために状態の悪いフィルムを上映するのが一般的である。ところがそこではフィルムは真新しかった。音響装置も申し分ない。小鳥の囀《さえず》りを聞いているかのようであった。伴奏音楽がまた素晴らしく、モーツァルトや《舞踏への勧誘》〔ウェーバーが一八一九年に作曲したピアノ曲〕が流されていた。だがこのように、イタリアが理解力と慎み深さの点でフランスの劇場主に勝っていると思われる一方で、私はイタリアの観客もわが国と同様に、美しいシーンがまるでシェイクスピアのようであることには無頓着な気がした。たしかに笑いは起こるのだが、正しい箇所で笑わないのである。殴り合いがダンスへと変わったり、地面に置かれた綱の上でバランスをとったりするのを見ても表情を崩さず、そのかわり、練られた生地が砲弾のように飛び交い、落ちたりするさまに一喜一憂する。空気の精エアリエルのことを、道化師プルチネッラだとでも思っているのかもしれない。イタリア人は精神的というより、知性的なのだと思う。この国の文学と芸術において、皮肉や喜劇の力や奔放な幻想といったものは、ごく控えめな程度にしか現れない。

記録映画に関しても、イタリアの素晴らしさはフランスとは比べものにならない。少なくともアメリカに匹敵する。フランスにいても、この事実は容易に確認することができるであろう。撮影対象が完璧に選ばれたうえ、照明が完璧に当てられ、たいていの場合、胸打つような角度から完璧に捉えられている。イタリアの記録映画は、そのことごとくがプロパガンダであるといっていい。地上もしくは海上で行われる軍事作戦。ムッソリーニや王室の人々、そして軍の上層部。民衆によるデモ行進。スポーツの大会。植民地を制する軍隊の快挙。戦車の行進。私はなにも早急に結論を出そうとするのではないのだが、それらが静寂のなかで迎え入れられているのに驚いた。高級な映画館では反応が薄く、大衆向けの小屋では誰一人声を上げることがなかった。敗者が意図的に侮辱されていても、劇場内を支配していたのは沈黙であった。

＊

私の見たところでは、例外は一つもなかった。この種の式典では熱狂した歓声がスピーカーを通して伝えられるのが一般であるだけに、余計に衝撃的であった。ここでは大人も子供も固く口をつぐんでいる。なんらかの結論を引き出すつもりのないことを、もう一度ここでお断りしておく。この沈黙が表しているのは、非難だろうか。いや、そうではない。民衆の側から見ても、それが非難を表しているとは思わない。とすれば、数ヶ月前からフランスの映画館にその雰囲気が充満しているように、反対デモを刺激することを恐れているのだろうか。警察が反対デモを許容していると考えられるのであれば、ありえるだろう。あるいは、すでに慣れているのであろうか。たしかにそうなのかもしれないが、植民地を支配して帝国を築いた点では、われわれと大差なかろう。ならば、無関心かというと、さすがにそれはありえない。こうみてくると、やはり、彼らは映像そのものに多大な関心を抱くのであって、映像の意味や目的には関心が薄いのではないか。なるほどこれはきわめてイタリア的である。私はこう考えるのが妥当だと思い、それに衝撃は受けない。だがそれでもなお、結論が必要と考える人がいるのであれば、イタリア人——少なくともイタリア中部の人々——は、フランス人よりも集中力に秀でており、感情を表に出すことが少ないと考えてもらえれば、より真実に近づけるであろう。

われらがスタンダールが終《つい》の住処《すみか》で、こうした仮説を受け入れることがあっても、さして驚くにはあたらない。神が正しいのであれば、その終の住処は〈天国〉のはずである。〈地獄〉で一季節を過ごし、〈煉獄〉を経たのちに訪れるこの場所ができるだけ長く続くことを、私は願ってやまない。

（一九三六年）

訳注

i　『プール・ヴー』第四一四号（一九三六年十月二十二日）に掲載。

ii　ヴェネツィア国際映画祭が始まったのは、一九三二年のことである。

iii　この箇所は、一九二八年十一月、ローマに国際教育映画協会が設立されたことが踏まえられているのではないか、とジャン＝ポール・モレルは推測している（Cf. Élie Faure, *Pour le septième art*, *op. cit.*, p. 184, note 1.）。この機関は一九三七年十二月にイタリアが国際連盟を脱退するまで存続した。

IV

講演録から

写真展《社会生活のドキュメント》i

私は数年前に、画家のアンドレ・ドランに聞いてみたことがあります。古い写真とダゲレオタイプの美しさについて、それから公式絵画を代表する官展《サロン》の駄作にも比すべき現在の写真の醜《みにく》さについて、話したことがあります。彼は見事な分別でもって、こう答えました。「おそらくその通りである。かつて、写真家は絵画から着想を得ていた。ところがいまや、画家が写真から着想を得ている」。

このような意見は昔なら正当なものでありましたが、現在ではすでに過去のものとなりました。映画があるからです。映画は思いもしなかった空間を発見し、漆黒に沈むビロードと輝かしい銀色とを深く調和させ、撮影でもって新たなアングルを切り拓きました。写真は映画の先輩に当たるわけですが、映画がその写真に対して演じる役割というのは、ロシアの小説がそれ以前の文学に対して演じてみせた役割と比較できるほどのものでございます。ドストエフスキーが灰に包まれくすぶる炎に息を吹きかけてみせたように、映画は目を見張るような暗示の力でもって、写真におのれの真の姿を教えたのであります。なかでも記録映画は、写真のみでは一世紀にわたって発見が叶わなかったことを、写真家にも一般大衆にも教えてくれました。つまり、動き、運動でございます。写真というのは表現として固定されておりますから、写真が是が非でも運動を固定しようといたすのは当然のことでした。運動も写真がなくても気にしていませんでした。写真は、映画によって解放されました。そしていま、写真は運動に直面しています。また運動を通して、現実に直面しています。

写真が社会の領域に入り込み、われらの時代の特徴となった衆目一体の革命の高まりと調和するのは、なんとも素晴らしいことであります。そもそも〈革命〉とは何なのでしょうか。革命が人間社会に死を禁ずる内的運動でなければ、一体何なのでしょうか。こうした内的運動を外部に現すのは、民衆の喧噪であり、有象無象の練り歩きであり、内的運動を諦めるなどもってのほかと嗾《けしか》ける貧困の日々の反応なのです。諸芸術の進化には、深い論理が存在しております。今日では絵画は下り坂ですが、絵画の君臨がルネサンス以来の個人の勃興と軌を一にしたのは至極当然のことでした。個人なるものは、絵画によって表現されておりますが、それと同時に、集合的必然性が築き上げる、ますます広大に拡がり、ますます絶対的なものとなる数々の集団のなかにいやます速度で回帰しています。映画の君臨と写真の改革が、オーケストラの準備が整い、楽器が調整されたことを告げるのはもっともな話なのであります。反逆し興奮状態にある群衆とは、一体何でしょうか。それは、交響楽が始まる前に、オーケストラのなかから聞こえてくるざわめきであります。数日前にコミューン兵士の壁〔パリのペール・ラシェーズ墓地にある〕で二十万人の労働者によるデモが行われましたが、私はこうした催し物が、人間的な意味において、いや美の観点からみても、偉大な音楽作品の演奏に劣るとは思いません。音楽とは、集団が調和する内的法則のことだからでございます。

この展覧会は、数年前からの写真の発展を知らぬ者にとって啓示となるでしょう。ここに展示される写真を「ジャーナリズム」と形容する人もいるでしょうが、今日においてジャーナリズムとは一体何なのか。ジャーナリズムがおのれを縛る鎖を揺らすことのできる今日において、ジャーナリズムとは何か。あるいはむしろ、こう問うべきかもしれません。ジャーナリズムとは何でありうるのか。〈精神〉の日々の糧であります。[ii]

あとは若き同僚のルネ・クルヴェルにお任せしようと思います。シュルレアリストは一体どのような抑えがたい性向でもって、真であり具体的であるものを、無媒介的なものを、手で触れられるものを、心で直接に感じられるものを詩的に変容させる力能を群衆の現実のなかに見出しえるのか。ルネ・クルヴェルなら、それをみなさまに感じさせてくれることと思います。

私は写真が近頃獲得したかつてない力能に十分通じていながら、本日はある確信をもってやってまいりました。〈映画〉が登場した後に写真が発見してみせた美しい素材と啓示的な照明の数々に触れることになるだろうとの確信です。もちろん、すでにそうしたものを見たことはあったわけでございますが、それ以上のものがあろうと思って、馳せ参じてきたわけです。写真はかつて死んだ言語でした。覇気のない習慣に身動きがとれず、視野狭窄に陥った大なり小なりのブルジョワジーがその使い手でした。ところが写真は、運動を介すことで、突如として民衆と接触を持つことになったのです。写真はいま革命の真っ直中にあり、それゆえ、写真は〈革命〉に奉仕する。つまり、運動であるものすべてと同じように、生に仕えているのであります。

（一九三五年）

訳注

i 本稿は、写真展《社会生活のドキュメント》（一九三五年六月）の開催に際して行われた講演原稿である。展覧会は、ＡＥＡＲ（Association des Écrivains et Artistes Révolutionnaires の略で、「革命作家芸術家協会」の意）の写真部門の主催による。ＡＥＡＲは、本部をモスクワに置く国際革命作家同盟のフランス支部として、一九三二年三月に設立された団体である。ＡＥＡＲの写真部門を指揮していたのは、写真家エリ・ロタールであり、本展覧会の序文を執筆しているのは、同映画部門に属していたジャン・パンルヴェである。「もっとも無媒介的なドキュメントの価値は、もっとも甘美なコンポジションの価値と同様に、社会への言及にある」。ニューヨーク近代美術館（ＭｏＭＡ）は、本展覧会をその歴史的重要性に鑑み、ニュー・ヴィジョン運動とシュルレアリスムの影響を脱した、社会主義リアリズムに連なる新たなマニフェストと位置づけている（Cf. Maria Morris Hambourg, “Exposition de l'AEAR — Documents de la vie social at Galerie de la Pléiade”, https://www.moma.org/interactives/objectphoto/exhibitions/29.html）。前述したエリ・ロタールとジャン・パンルヴェのほか、ジャック＝アンドレ・ボワファール、アンリ・カルティエ＝ブレッソン、アンドレ・ケルテス、マン・レイ、ジェルメーヌ・クルル、ブラッサイといった名立たる写真家の作品が展示された。また、ジョン・ハートフィールド流のフォトモンタージュを駆使した展示を行い、ファシズムへの対抗を明確に打ち出したものとしても知られる。ちなみにルイ・アラゴンはＡＥＡＲの機関誌『コミューン』第二十二号（一九三五年六月十五日）にて、本展覧会に全体として否定的な評価を下している。

ii いわゆる「フォト・ジャーナリズム」を含意していると思われる。クルルやケルテス、ブラッサイなど、本展の出品作家には、フォト・ジャーナリズムを中心的に担った写真家が多い。フランスでは、小型カメラの技術革新とグラフ雑誌の創刊、それから外国人芸術家の存在によって、一九二〇年代末からフォト・ジャーナリズムが隆盛したが、一九三三年にドイツでヒトラー政権が誕生し、世界情勢が悪化するとともに下火となっていった。運動の母体となった写真週刊誌『ヴュ』は、一九三八年に廃刊した（今橋映子『パリ・貧困と街路の詩学――一九三〇年代外国人芸術家たち』、都市出版、一九九八年、特に一五三－一五八、一七一－一七五頁、を参照）。

スペイン内戦に関する記録映画 i

これからご覧にいれますのは、〈歴史〉においてもっとも偉大な劇《ドラマ》の一つが辿った波乱万丈であり、スペインが舞台となったドラマのなかではおそらくもっとも凄惨なものでございます。いやはや、これは重大事といわねばなりません。といいますのも、これはことさら悲劇的な生活が強いられていた民族の物語ではないにもかかわらず、彼らはほとんど途切れなく不幸に見舞われてきたのです。

これからご覧になる映像のなかには、この民族の残忍きわまりない貧困を見せるものもあります。しかし彼らは誰より勇敢で忍耐力がある。ただ、自然に見放され、荒々しい風土にさらされている。極寒と焼けつくような灼熱との急激な繰り返し。氷と炎の風によって荒廃した土地。ほとんどいたるところが森林伐採で荒らされており、土壌は悪化し、河川の急流を引き起こす。川は干上がり、ますます気候は乾燥してしまっている。スペイン人は、五百年ほど前からずっと、土地を所有する大地主と、宗教的にはことさら狂信的であり、なおかつ世俗的にはことさら貪欲な聖職者とに搾取され、金を搾り取られ、抑圧されてきました。そしていま、容易に想像がつく政治的理由に対する無知のなかに強引に囚われているのであります。

このような状況が、国際的に展開する資本主義の到来によって日に日に悪化しております。資本主義にとっては、新たに搾取する領域が増えたといったところなわけです。イベリア半島の地下に豊かさが埋まっていることは、せいぜい五十年ほど前に発見されたばかりであり、重工業の必要性が怪物のごとく巨大に高まったのはこの前の戦争〔第一次世界大戦〕以後のことにすぎません。これから上映される映画作品において、都市部と地方の人々の反応がどのようなものであったかを、みなさまは目の当たりにすることになります。

まずは百回に及ぶテロ攻撃があり、部分的あるいは全面的なストライキの計画は多かれ少なかれ失敗に終わったとはいえ百回を数えるまでになり、暴力的な労働組合が乱雑に構成されましたが、その後に、選挙制度に初めて革命が訪れ、一九三一年に君主制が崩壊しました。一九三四年十月にはアストゥリアスで蜂起が起こったものの、外人部隊とムーア人部隊によって血のなかに沈められてしまいます。いずれの出来事も、フランスの新聞では二つの三面記事――犬の交通事故と万引き――に挟まれて、わずかに言及されるにとどまりました。しかし実際は、男性も女性も子供も、合わせて七千人の人々が殺されました。蜂起した六万人の人々は、共鳴者であれ単に疑わしいとされた者であれ、刑務所に入れられました。そして、多くが拷問にかけられました。

われわれがいま向かい合っているのは、相も変わらぬスペインでございます。異端審問のスペインであり、闘牛のスペインであります。都市を燃え上げる精神のスペイン、過度の熱狂も野蛮な偉大さも、その正当性を死のなかにまで求める精神のスペインです。火の上で踊り、死に至る逸楽に耽るスペイン。二月の選挙で一挙に立ち上がるスペイン。悪と苦に無頓着であり、悪と苦に屈しないスペイン。情熱がひとたび焚きつけられれば、寛大かつ残酷になるスペイン。即興のスペイン。コントラストのスペイン。そして、共和制が失墜し、農民と労働者を力によって服従させようと二年前より企んでいた将軍や大使や司教に場を譲り渡したスペイン。

ところで、いま申し上げてきたような、スペインの人々を極端な希望から極端な絶望へと段階を経ることなく移行させた劇的な出来事の数々と対《つい》をなすようにして、全体主義戦争を遂行した者による本がドイツで出版されました。この本では、一九一四年のフランス侵攻が失敗に終わった理由が解き明かされており、軍事問題の鍵は地中海沿岸の西洋諸国に求めるべしと結論づけられていました。実際そこには、軍事力に乏しいきわめて脆弱な半島があり、そこを攻略すれば、フランスはまた一つの国境を防衛しなくてはならなくなります。また、モロッコのスペイン領を侵略すれば、イギリスにとって東洋への扉は閉じられてしまいます。カナリア諸島に拠点を据えれば、モロッコのフランス領にとって脅威となるでしょう。それだけではありません。バレアレス諸島を掌握すれば、フランスと北アフリカとの交通は途絶え、フランスは物的資源や兵士の供給源である莫大な貯蔵庫を失うことになるでしょう。

ところで、今日、われわれは何を見ているのでしょうか。アンダルシア。エストレマドゥーラ。ガリシア。ナバラ。それからカスティーリャ。その大部分は、「国民」戦線軍という名の軍隊に支配されていますが、「国民」の軍隊とは言い条、それを構成するのはほとんどがドイツ人であり、イタリア人であり、ポルトガル人であり、モロッコ人であり、〈テルシオ〉という外人部隊でございます。スペイン人は後衛に従事するばかりで、ヒトラーやムッソリーニに仕える将校たちから侮辱され、それに甘んじているのです。ピレネーも、この外人傭兵の軍隊の指揮下にあります。スペイン領モロッコには大砲が立ち並び、どこもかしこも飛行場だらけで、ドイツから来た技術者と飛行士で溢れています。カナリア諸島は、ドイツの海軍基地に成り果てました。バレアレス諸島はといえば、イタリアの海軍基地と空軍基地です。アルジェリアとモロッコへの道は、われわれにとって実質的に断たれています。

みなさま、ご存じのことと思います。みずからの誓いを裏切り、自国を裏切ったお粗末な軍人たちの配下にあることになっている、こうした国際的な軍団の数々の長を務める者の名は知られている通りです。ドイツ軍参謀本部のファウペル将軍でございます。ちなみにこのファウペルという人物こそ、私が先にお話ししました本の著者なのです。彼こそ、もうかれこれ四、五年も前にフランスを包囲する方法を奨励した張本人であり、現在それが実現されているというわけです。

分かりやすい話でしょうか。ドイツとイタリアによってかくも冷酷に構想され、かくも体系的に実施されているこの計画に対するフランスとイギリスの態度を理解するのは簡単だとお考えでしょうか。資本と教権にまみれたスペインは、誰に国を売ったとお考えになりますか。ぜひともお教えいただきたいのですが、仏外務省《ケ・ドルセー》の態度を裏切りであるとするか、それとも無邪気であるとするか、どちらを好まれますか。不干渉であり統制であるとする重大な協議がございましたが、この計画が何事もなかったかのように実施され、無実の人々の殺戮が外交の嘘八百で慎み深くもごまかされています。この血みどろの茶番は、もう十分に続いたのでしょうか。もし、私がそう思いはじめているように、われわれはあくまで騙されたのであって、共犯者ではないのであれば、ヒトラーとムッソリーニは、飛行機と輸送機関の戦争劇場への出発順をめぐってロンドンの代理人から委員会の審議の結果が電話で伝えられたとき、笑わねばならないと思いませんか。なぜなら、こういって差し支えなければ、戦争は大熱戦を繰り広げている渦中なのですから。平和の擁護者を装う偽物が住むわが国で勝利を摑むのは、はたして滑稽なのでしょうか、それとも醜悪なのでしょうか。

したがってわれわれは、このドラマをめぐる喚起力ある映像が目の前で次々と展開していくのを、もっとも悲痛な不安を抱えながら見ることになります。このドラマというのは解決のドラマのことであり、二つの道を前に岐路に立つ世界の未来がそこにかかっている。一つは、文化の職人——精神の労働者、土地の労働者、物質の労働者——を粉砕し、おそらく決定的に奴隷へと貶《おとし》めること。もう一つは、金融封建制と国際的な企業合同《トラスト》の利益のみを慮《おもんばか》って、流血も辞さぬ支配と強大な征服との勢力を後退させること。スペイン人がどう答えたか。みなさまの知る通りでございます。

これから上映いたします映画作品を通して、悲劇がはじめに辿った三段階をご覧いただくことになります。第一に見られますのは、不実な将校や兵士が、都市部と地方部で自発的に起きた民衆蜂起によって、数時間のうちに解雇されるさまでございます。この路上の戦争は、スペイン特有の個人主義的で英雄的な才覚にかくも適したものであるわけです。続きまして、義勇兵が一時的に失墜してまいります。現代戦に必要な基礎知識すら持ち合わせておらず、指揮官もいなければ、軍事教育も受けていない。ほとんど武器も手にしていない。いまここでみなさまにお話ししているこの私も、彼らが何も持たずに戦場へと向かう姿を自分の目で見てきました。引き留めようとする者の言うことを聞かずに、旅立っていきました。死んだ兵士から薬莢と銃を掻き集めていたのかもしれません。彼らは火の壁を前に孤独に立ちつくし、砲弾に倒れ、戦車に轢《ひ》かれ、機関銃の的となり、空爆によって地中に埋められました。三段階の最後にいたりまして、ゆっくりとした復興がやってまいります。規律が設定され、技術者や機械装置がもたらされ、身体に重傷を負った子供と凌辱された女性の叫びに駆り立てられた勇敢な若者があらゆる国からやってきました。すべてに君臨する傷つけられた自由を大いに叫びながら、でございます。英雄のごとくに立ち直りが進むなか、マドリードはその半分を廃墟に埋もれさせながら、ここ四ヶ月というものあらゆる種類のテロに耐え、自制心を失うことなく毒ガスの到来に備えています。

つまりいま目の当たりにしているのは、殉教の民族であり、昔から貧しかった民族であります。彼らは死を簡単に受け入れる。燃えさかる想像力は死から幻想を引き出し、生が勧めつつ認めない逸楽の希望をこの民族の統治の心臓部にまで延長してゆくのです。また、こうした死を受け入れる態度は、五世紀にわたる執拗な封建制の重みに押しつぶされてきたのですが、今日にいたって、彼らが痩せこけた肩に自由の運命と正義の未来を背負っているという、新たな確実性によって、いままた燃え上がっているわけでございます。

こういった点についてお話ししていると、私としては毎度のことながらドン・キホーテという人物を思い浮かべずにはいられません。ドン・キホーテは、まさしくこの民族の心臓部から出てきた形象であり、彼らの書物のなかでもっとも真実であり、もっとも偉大であり、もっとも人間的なものを矛盾に引き裂かれたヨーロッパに与えるべく生み出された人物でした。ドン・キホーテはいまも生きています。ドン・キホーテはやせ馬にまたがり、髭剃り皿を頭に乗せ、錆びついた槍を持って、何も考えないまま巨人と怪物の軍隊に突撃していきます。そして負け、傷つき、愚弄されます。ゴミ屑のなかを転がっていきます。しかし、にもかかわらず、未来を担うのは、このドン・キホーテなのです。

（一九三七年）

訳注

i　本稿は、一九三七年夏、革命作家芸術家協会（ＡＥＡＲ）の文化会館での上映会に際して行われた作品紹介である。上映作品の同定はいまとなっては難しいが、ジャン＝ポール・モレルによれば、一九三七年製作、フアン・マヌエル・プラサ監督の『人民戦線軍（*El Ejército popular*）』、あるいは『人民の軍隊が生まれた（*El Ejército del pueblo nace*）』ではないかと推測されている（Cf. Élie Faure, *Pour le septième art, op. cit.*, pp. 153-154, note 1）。エリー・フォールはすでに六十代を迎えた晩年にスペイン内戦に深く関わり、共和国派を支援した。一九三六年八月にはマドリードとバルセロナを訪れ、フリアン・ゴルキン、ラファエル・アルベルティ、ルイス・ブニュエル、マルガリータ・ネルケンのほか、アサーニャ大統領とも会見している。フォールはスペインに捧げた書物『破局的省察』を準備していたが、一九三七年十月三十日、心臓発作を起こして息を引き取った。刊行されたのは一九三八年一月、著者の死後のことになる。二〇〇六年には、その校訂版が出版された。

映画は普遍言語である[i]

新しい表現方法のなかで、映画ほどインクを費やさせたものはございません。つまりどういうことかと申しますと、これほどたくさん馬鹿げたことを言わせたものは、映画以外ないということになります。正直に申さねばなりませんが、ここにおられます誰にもまして、私はこうした戯れ言を繰り出しておりました。〈映画〉がわれわれに提供する哲学的資源を、誰より軽率に開拓しようとしていたのでございます。とはいえこれからも、軽率な言動を続けていくことでありましょう。そうすることで、人間の脳みそから飛び出した、この怪物の途轍もない豊かさ、その複雑さが一度ならず証明されていくことでしょう。

まったく、この怪物の登場は予想外の出来事でした。多種多様の可能性が考えられる将来の展望が、四方八方に開かれました。そして、かように広大な規模を持ったものが、どのように発展していくかという例証や、またその発展のきっかけとなるものを、日ごとに見せてくれました。私の世代は映画の誕生に立ち会っているわけですが、映画が進歩するにしたがってかき立てられた感情と思考とが溢れんばかりとなって、それに飲み込まれてたちまち慌てふためいたのでありました。

想像してみてください。ほとんど完璧に練り上げられた言語が、天から降ってくる危険な恵みのように、擬音語での表現を覚えたばかりの類人猿の部族のもとに届けられる。知的混乱が生じるのは、かすかながらに分かるかと思います。映画はそのとき二十歳の人々を、つまりまだいくらか考え、結論づけるだけの意志を持っていた人々を、混乱に陥れました。

映画は映像のなかに、運動というものを乱暴に投げ入れました。運動が導きうる結果であったり、運動のありうる組み合わせと一緒に、映像のなかに運動を投げ入れた。いやときには、スローモーションやクイックモーションのおかげで、想定外の結果や組み合わせもそこに入れられたでしょう。映画は運動に果てしない世界があることを教え、無数のカメラ・アングルと無数のモティーフによって、そうした果てしなき世界の存在があらわとなりました。またその世界では光が各人の好きなように扱われ、映画は驚くほど自由に移りゆく光の大海原を、その源泉に、その激しさに、その対象に流し込みました。映画がほかに暴力的といってもいいような仕方で導入したのは、絶えず変わりつづける明暗の度合《ヴァルール》いの渦であり、変化をやめないかと思えば、これまたちょっとした奇跡によって、その階層関係は保たれつづける。二重焼付けがこれにすぐさま続き、いつしか幻想を視覚的に構築し、それを超えていく可能性を人類にもたらしたのです。そのような幻想は、取り乱された想像力の領域に、そして多くの場合もっとも抽象的な想像力の領域に、以前は属していたものでありました。

ところが多くの人は――ええ、私はいまだにそういう態度をとっている人を知っております――、映画をこれっぽっちも信用していない。もっとも、大胆な考えをお持ちの方は、写真の付属品として、映画のことを実のところなかなか興味深いと思っています。もっと教養のある方になりますと、絵画と彫刻を科学的に代用したものだといいます。英雄気取りの教育者を例にとれば、教育にあたって、かなり重要な資源を提供してくれる方法をそこに見出そうとする。また演劇人は、映画は演劇のライバルと非難し、軽蔑すべきものとのたまう。知的な演劇人であっても、演劇を補佐するものとして、受け入れてやってもよかろうといった態度をとっている。それからビジネスマンは、商業的プロパガンダの道具と見なし、公職に就く人々は個人のプロパガンダの道具としている。まあ、数え上げてみれば、だいたいこういったところになるでしょう。

＊

このように、断固として反論を受けつけない、無政府主義を思わせる混沌とした評価が下されているわけでございますが、今日の短い講演のなかで、映画に向けられたこうした評価から結論を引き出すことができるでしょうか。われわれは当然ながら、この新たな言語が生まれ、産声を上げ、初めて主張を口にしたとき、これが本質的に情緒的な意味でどこへ向かうべきか、その進路に見事に合致するものを探しました。ところが誰一人として、外界と接触を持とうとして幾世紀にわたって練り上げてきた表現形式の一切を、この新たな言語が潜在的に備えていると、気付きはしなかった。音楽や、言葉や、造形や、ダンスや、演劇という形態がすでにあり、それから可感的客体との関係においては科学もまたその表現形態の一員でありましたが、おそらく音楽における新しい一局面が、このような表現形態をまたたく間にある力にまで引き上げました。その力とは、映画固有の方法に備わる想像を超えた複雑さによって増大させられたもので、表現形態の一つ一つが取り結ぶ、絶えず変転しつづける入り組んだ連帯関係を、映画はまとめてみせたのでございます。

私がここで言いたいのは、最低の映画作品であっても、そこでは、言葉や絵画、彫刻、ダンス、演劇、科学、音楽といったもののあらゆる要素が、それぞれの戯れるなかで瞬時に組み合わさっていくということです。またたとえば、映画は演劇の代替物にすぎないと思い込んでいる演劇人がいると想定してみましょう。彼が戯曲を映画化し、その本質として演劇でしかないようなものを見せてくれたとしても、彼自身は想像もしていなかったにちがいありませんが、劇と言葉の面ばかりではなく、視覚的な、舞踏的な、科学的な、音楽的な意味で、無数の限りない主題が目の前で展開していくのを遮ることなどできないのです。それを、もっとも豊かで多彩なオーケストラと呼んでみましょう。そのようなオーケストラは、ときとして無意識的にではあっても、世界中の声という声を演奏しているのでありますから、実はいまだ存在せざるものです。これまでは、それぞれが独立した十個の別々の旋律へと解体され、一つの楽器が一つの旋律を担当しながら奏でられていたにすぎません。

*

そんなことは考えもしなかったなどとは仰らないでください。音響的リズムは映像の表現性を高め、視覚的リズムは音響の表現性を高めました。光が戯れることによって、言葉はその力を増大させました。絵画でいうところのヴァルール、つまりもっとも深い闇から最強度の明るさまでの明暗の度合いは、運動によって持続のなかへと投げ入れられ、その一方でリズムの階調《ヴァルール》は空間に組み入れられる。あまり繰り返してばかりいるのも能がなく、なによりもう何度も主張してきたことなのですが、これは、映画が提起した精神的問題の鍵となるものです。映画の哲学的射程は、一つの世界を作り上げることに相当するのであります。

映画が明らかにするのは、幾何学者は持続のなかに空間の一次元を見ることができ、生物学者は空間を持続の一機能として見ることができる、ということです。映画は継起的感覚を映像に導入することによって、そこから音楽を作り出し、また同時に、音楽から一つの映像を作り出し、そこに同時的感覚を導入してみせる。

映画のなかに音と言葉が登場したのは、精神の領域において、大きな勝利といっていいものでした。この勝利に関して、映画そのものを愛する、映画のためだけに映画を愛するという人々はだいたいが懐疑的で、私も彼らと同じように最初はいい顔をせず、意固地な考えを――やはり、というべきか――曲げようとはしませんでした。映画は演劇から離れるのにあれほど苦労していたというのに、またしても演劇に服従することになるのかと思い込んでばかりおりました。

ところが、演劇の舞台からスクリーンへと移された劇のなかでいくつか成功しているものがあり、ついに目を開くこととなったのでございます。映画を意のままに使えるときが、ついにやってきたのです。映画は、劇作家や画家、舞踏家、音楽家といった人々が交互に、もしくは一斉に表現することを可能にし、それればかりか、こうした芸術家たちが以前は知りもしなかった喚起力や様式化を可能とする条件のもとで、それぞれの表現ができるようになりました。

映画は新しい芸術なのではありません。このような主張は大きな過ちを犯しています。そうではなく、映画とは新しい言語であり、あらゆる芸術を表現することのできる新たな言語なのです。映画とは、世界そのものと、その世界に存在するすべての要素と、そこに生きるすべての人との三つに交流をもたせる、共通の方法なのです。映画のレンブラントとか、映画のバッハ、映画のアイスキュロス、映画のニュートン、映画のスピノザ、映画のラマルクといった人々が現れてくることでしょう。科学によって使いうるものとなった詩的道具のなかでもっとも完璧なもの、それが映画なのです。

＊

科学の詩的要素が群衆の前に姿を現すことは、これまでありませんでした。抽象言語なり、謎めいた言葉なり、科学の秘密なり、顕微鏡や望遠鏡や蒸留器具の技術的神秘なりといったものが、その抒情的深さを覆い隠していたのです。

ところがスクリーン上に、拡大されて上映されてみると、どうでしょうか。甲虫の極彩色に輝く透明の翅《はね》が帯びているほのかな光や、極小のあごが生み出すリズムに乗った動きや、水のまにまに揺れている藻が貪欲にぎこちなく動くさまや、舞い散る埃《ほこり》や花粉によるバレエが、大画面に映される。原子だとか、白血球の大群が規則的に動くさまも、いまにスクリーン上に現れる。映画はそうすることによって、すぐれて具体的な現実と、すぐれて感性的な想像力とが普遍的な連帯関係にあることを、すべての人の目に明らかにしたのでございます。映画がここで強調し輝かせてみせたのは、形態と形態とが取り結ぶ関係の躍動感溢れる生のこうしたありようであり、それはまるで形態同士が互いに交わし合う告白が、視覚的なかたちでこだましているかのようで、宇宙規模の詩篇が、不可視のドラマから、これまで渇望や愛と関係があるとは思いもされなかったドラマから、機械を使って生み出されていきました。

たとえばジャン・パンルヴェの科学映画は、新たな造形の力に不意に襲いかかっております。そこでは踊りながら輝きを放つ蛾の生が、人間精神へと組み込まれています。またそうすることで、シェイクスピアの夢幻劇に参加し、それを輝かせる。微積分学の立てる静謐な音楽を聴きながら朦朧となった幾何学者に備わる、酔いしれることの美質に気付かせてくれる。もっぱら視覚的な感覚によって、天体の歌を呼び起こす。そして、創造の劇には心の尺度が必要であるとした、チャーリー・チャップリンに答えているのであります。

（一九三五年頃）

訳注

i　本稿は、一九三五年頃に行われた講演である。以前はラジオでの講演と思われていたが、ジャン＝ポール・モレルは、革命作家芸術家協会（ＡＥＡＲ）の文化会館での講演と推測している。だがいずれも推測の域を出ず、講演の日付も明らかにはなっていない（Cf. Élie Faure, *Pour le septième art*, *op. cit.*, p. 323, note 1)。

シネプラスティックとその彼方——訳者後記にかえて

本書は、フランスの美術史家エリー・フォール（一八六三―一九三七）が著した映画論を集めて訳出したものである。これまでフランス本国では、この高名な美術史家による映画論集が彼の死後にいくつか編まれている。[1]本書は、それらを参考にしながら、日本語版独自に新たな編纂を試みたものである。

映画に触れたものに限って文章を集めたが、エリー・フォールによる映画論の様々な性格を照らし出すべく、四つのセクションに分類した。映画を芸術や文化や文明というより大きな文脈のなかで位置づけながら、「映画とは何か」を探っていく長文の論考もあれば、折々に触れて書かれた短評もある。彼は抽象的な思弁と精妙な文体に耽るのではなく、映画館に足繁く通い、具体的な作品や作家からその思考を育んでいた。特にチャーリー・チャップリン、アベル・ガンス、セルゲイ・M・エイゼンシュテイン、ジャン・ヴィゴといった映画作家には、惜しみない賛辞が送られている。その美麗にして剛直な文体で人々を魅了してきたフォールだが、初の単著となる『ベラスケス』が一九〇三年に出版されるのと軌を一にして、民衆大学での講座を担当しはじめた（かの壮大な『美術史』は、その講義原稿がもとになっている）。晩年は、世界を旅して講演旅行を行っている。本書には、そのような「話し言葉」による映画論にも触れられるように、映画をめぐる講演もいくつか収録した。

医学博士にして、独学の美術史家であり、文明評論家であり、あるいは端的に随筆家であり、あるいは反ファシズムの闘士。様々な顔をもつエリー・フォールだが、その主著はやはり一九〇九年から一九二一年にかけて刊行された『美術史』全四巻（『古代美術』『中世美術』『ルネサンス美術』『近代美術』）および『形態の精神』（一九二七年）だろう。そのすべての翻訳が国書刊行会より刊行されている現在、エリー・フォールという人物は日本の読者にも親しい存在となっている。その人物像や仕事については、各巻の訳者あとがきに詳しい。[2]

アンリ・アジェルの『映画の美学』（一九五七年、邦訳一九五八年）や飯島正の『前衛映画理論と前衛芸術』（一九七〇年）などを通して、あるいはジル・ドゥルーズの『シネマ2＊時間イメージ』（一九八五年、邦訳二〇〇六年）での言及によって、『美術史』の著者の映画論の重要性は日本でもつとに知られていた。それは余業の手遊《すさ》びであるどころか、一九二〇年代から三〇年代にかけてのフランスにおける映画理論のなかでひとかたならぬ意義を帯びている。近年、彼の映画論に対する関心がますます高まりを見せているのは、三浦哲哉や岡田温司による積極的な紹介からもうかがえる。[3] 岡田は『映画は絵画のように』の「第I章」において、映画理論を概観しながら、フォールの主張を丁寧に解説している。一九二〇年代の前衛映画と関心を共有していたフォールが、ルドルフ・アルンハイムやエルヴィン・パノフスキーといった映画を論じた美術史家の先駆けとして位置づけられるとともに、伝統的な諸芸術を変革し、綜合する可能性を映画に見ていたその論点の数々が的確に描出される。ぜひ併読を勧めたい。
サイレント期に書かれたものから、トーキーやカラーへの移行などを踏まえた文章まで、フォールは当時「生まれたばかりの芸術」と言われていた映画に対して同時代的に寄り添い、これ以上ないほど真摯な視線を向けている。アメリカ映画を礼賛するばかりではなく、ドキュメンタリー、アニメーション、科学映画とありとあらゆるジャンルに目を配るさまは、彼がいかに熱心な観客であったかを示してあまりある。「造形性」にせよ「音楽性」にせよ、「非人称性」にせよ「自動性」にせよ、「社会性」にせよ「集合性」にせよ、同じ主題が幾度となく抽出され、何度も繰り返し変奏されていく。論旨の重点に変化はあるものの、彼は終始一貫して映画を現代世界の体現とみなし、その集合性において中世のゴシック建築を引き合いに出す。ヴァルター・ベンヤミンは『複製技術時代の芸術作品』のなかで、「絵画は、集団による同時的受容の対象にはなりえない。対して、建築は昔からそうであり、叙事詩はかつてそうであった。また今日では、映画がそうである」と高らかに断定してみせた。[4] フォールはほぼ同時期に、あるいは少し先駆けて、ベンヤミンと同じ結論に行き着いている。

　本書に収録した論考で一番古いものだと一九二〇年、いまからほとんど百年前の文章である。その文体はときに「預言者的」とも「幻視者的」とも形容される。二十一世紀の読者の目には、はたしてどのように映るだろうか。過ぎ去った時代の証言と見るか。それとも、いまなおアクチュアルな問題意識がそこに胚胎されているのが感じられるか。私は読者が彼の言葉にそのまま触れられるように、解釈や論評はできるだけ差し控えたいと思う。そのかわり、この訳者後記の場を借りて、翻訳を思い立ったきっかけや動機について書き記しておきたい。

*

「シネプラスティック（cinéplastique）」なる言葉の持つ響きに魅了されたのがそもそものきっかけである。「映画（cinéma）」と「造形芸術（arts plastiques）」を組み合わせた造語で、本書では「映画造形」と訳し、そこに「シネプラスティック」とルビを振ることにした。映画とは何か。物語の伝達装置に限らぬ映画の潜勢力とは何か。映画と諸芸術との関係についてあれこれ頭を悩ませ、そうした自問を繰り返していたとき、フォールの編み出した「シネプラスティック」という語に出会ったわけである。「映画はまずもって造形的である」というフォールの力強い断言は、一つの道筋を開いてくれるような印象をもたらした。ジョルジュ・サドゥールは一九五八年に、「二十世紀後半は、「シネプラスティック」という新たな芸術形態で満たされる世界を目の当たりにすることだろう」との予言を披露した。[5] まさにその通りかもしれない。ビデオが生まれ、デジタル機器が開発されて表現の多様化が進むにしたがって、映像文化はますます造形芸術との距離を縮めていった。

ところが、ただちに言わなければならないのだが、フォールの映画論を一つ一つ読み進めていくうちに、私は「映画造形《シネプラスティック》」という語がすぐに使われなくなることに気付いた。フォールは映画と造形芸術とを結びつけたことを撤回し、そのアイデア自体を捨ててしまう。一九三四年に完成稿を仕上げるまで何年も改稿を重ねた「映画神秘主義序説」には、このような主張が見られる。

当初は、多くの者が映画を演劇の派生と見なし、またほかの者はあるいは音楽と、あるいは造形芸術一般と結びつけた。私は、映画を造形芸術に連ねる三番目の立場だった。むろん私はいまでも、〈映画〉は視覚を通してやってきたわけで、造形芸術について知ることが、映画の理解へともっとも巧みに備えさせると考えている。しかしいわば、それだけの話である。映画は絵画ではない。彫刻でもない。建築でもない。ダンスでもない。音楽でもない。文学でもない。演劇でもない。写真でもない。映画は単純に、映画なのである。〔……〕視覚交響楽は、こちらから差し出すべき手助けを絶えず静かに訴え、同時にそれを強く要求しながら、われわれの目の前で独自の組織化を果たしていく。

「映画神秘主義序説」、九三–九四頁

つまり、私が惹かれたはずの「シネプラスティック」は、それを考え出した当人にはたいして魅力のない概念だったようなのである。しかし、逆説めいた言い方ながら、私はこの造語が見捨てられたことを知って、なおさら関心を抱いた。フォールが映画芸術を指すにあたって、映画と造形芸術を組み合わせた「シネプラスティック」に代えて積極的に使っていくのは、音楽になぞらえた「視覚交響楽（symphonie visuelle）」という表現である。ジェルメーヌ・デュラックが――おそらく、フォールのことは知らずに――引き継ぎ、理論化していく「視覚交響楽」は、彼女に限らずルイ・シャヴァンス、リオネル・ランドリー、アベル・ガンスなど、一九二〇年代を通して広く流通する造語となった。[6]

たしかにクリストフ・ウォール＝ロマナが説くように、フォールの「シネプラスティック」をジャン・エプシュタインの「フォトジェニー」やセルゲイ・M・エイゼンシュテインの「原形質性」と比較考察するのは興味深い試みだと思う。[7] だが私の頭には、フォールが「シネプラスティック」に見切りをつけた理由は一体何だったのか、という問いがまず去来した。そして、これが練り上げられることなく途中で放棄された、いわば未完の概念であるからこそ、ますます興味を掻き立てられた。おそらくそれゆえだろう。翻訳という行為は書かれたことを忠実に一字一句丹念に読み、また再読することであるにもかかわらず、私は本書を訳しながら「一度も書かれなかったことを読むこと」（フーゴ・フォン・ホフマンスタール）を強く意識していた。もしかしたら書かれたかもしれないことを、つまり、可能性を読むことに自然と囚われていた。

＊

本書の冒頭に据えた「映画造形《シネプラスティック》について」は、エリー・フォールが映画を論じた最初の論考に当たる。それ以前にも映画について触れることはあったものの、映画を主題にした長文論考としては最初といっていい。一九二〇年に『ラ・グランド・ルヴュ』誌に掲載されたあと、一九二二年に単行本『エデンの樹』に収録された。没後の一九五三年に編まれた映画論集『映画の機能――シネプラスティックからその社会的行く末まで』でも副題に使われるなど、エリー・フォールの映画論のなかでもよく知られ、もっとも読まれてきた論考の一つである。同論考は、一九九五年にセギエ社から「映画は普遍言語である」と合わせて単独で出版もされた。

また、早くも一九二三年の時点で、「映画造形《シネプラスティック》について」と「シャルロ礼賛」の二本が英訳されたが、二つを併せた単行本は『シネプラスティックの芸術（The Art of Cineplastics）』と名付けられた。訳者は旧知のウォルター・パッチ。フォー・シーズ・カンパニーからの刊行である。[8] 私に限らぬ多くの者が、この「シネプラスティック」という語の持つ響きに魅せられてきたわけだ。

しかし、二十世紀初頭、映画を指すのに造語を編み出すのはさして珍しいことではなかった点は確認しておかねばならないだろう。アベル・ガンスは、一九二七年、映画芸術は自身を表す適切な造語をいまだに編み出していないと言ったが、[9] それはおそらく新奇な名称が次々と提唱されつづける状況を皮肉ったものでもあったはずだ。商業主義に染まった娯楽映画にとどまらぬ試みを何と呼ぶか。一九二〇年代のフランス前衛映画は、のちに歴史家によって、ドイツ表現主義と対比して「印象主義」と呼ばれたり、「絶対映画」や「純粋映画」のような抽象に向かう傾向と区別して「物語的前衛」と名付けられたり、あるいは一九五〇年代末の映画運動「ヌーヴェル・ヴァーグ（新しい波）」から振り返って、「第一の波」とされるなど、実に多くの名を持っている。だが実のところ、呼称をめぐっては、当時もそれに劣らぬ盛り上がりをみせる。「進化の映画（cinéma d'évolution）」だの「例外の映画（cinéma d'exception）」だの、新たな名称が浮かんでは消え、さながら新語博覧会の様相を呈していた。

当時の文章を読んでいると、「シネマ（cinéma）」と「シネマトグラフ（cinématographe）」の使い分けも現在ほど判然とはしていない印象を受ける。いまではシネマトグラフといえば、リュミエール兄弟のシネマトグラフを指すか、あるいはロベール・ブレッソンによって特別な意味が与えられたシネマトグラフを指すか、いずれにしても「シネマ」と「シネマトグラフ」は同義語ではなくなっている。また「映画（cinéma）」の形容詞形としては、現在では「映画的な（cinématographique）」が一般的ながら、当時は「シネマトグラフィック」に加え、「シネグラフィック（cinégraphique）」という形容詞が頻繁に用いられている。『フランス語宝典』によれば、エミール・ヴュイエルモーズが一九一七年六月二十日付けの『ル・タン』誌の記事で用いたのが初出とのことである。マルセル・レルビエは、一九二二年、自身の映画製作会社に「シネグラフィック（Cinégraphic）」との名を冠した。むろん、線や図像などのグラフィックな要素の運動を強調すべく、「シネグラフィ」や「シネグラフィック」という語に独特の意味づけがなされた用例は多くある。ジェルメーヌ・デュラックの「完全映画（cinégraphie intégrale）」やレオン・ムーシナックの「映画詩（poème cinégraphique）」など、そこに「シネマ」や「シネマトグラフ」とは異なる別の価値を置こうとしたものもある。リチャード・エイブルは、映画の特性をめぐって議論が入り乱れた一九二〇年代を通して「フォトジェニー」にかわって新たに現れた概念として「シネグラフィ」を位置づける。フォトジェニーが「一つの映画イメージが単独で変容していく性質」に着目したものだとすれば、シネグラフィは、「複数の映画イメージがいかに配置され、持続し、相互に関係していくかを統べるリズムの原則」に重点を置いたものだと彼は論じている。[10] また同様に、映画監督を何と呼ぶかも定まってはいなかった。演劇を思わせる「演出家（metteur en scène）」を避けるため、「シネグラフィスト（cinégraphiste）」が一般的だったという。リチョット・カヌードは、「スクリーン（écran）」に人の意を表す名詞語尾（-iste）を付けて「エクラニスト（écraniste）」という呼称を提案した。今日一般化している「シネアスト（cinéaste）」はルイ・デリュックの発案である。

エリー・フォールは一九二〇年に「シネプラスティック（cinéplastique）」と言い、それを担う人物を「シネプラスト（cinéplaste）」と呼んだ。生まれたばかりの新しい芸術である映画をめぐって造語が入り乱れ、百花繚乱の趣を呈す状況を鑑みれば、彼の言動はいたって平凡そのものであり、そこには奇異に映る振る舞いは微塵も感じられない。その意味で、フォールの造語には時代性が強く刻印されている。だが、繰り返しになるが、彼はみずからが編み出した言葉を幾度か使うやたちまち捨ててしまうことになる。そして、「シネプラスティック」という造語は、おそらくフォールただ一人のみに用例がみられる孤独な言葉と化していくのである。

*

造語を練り上げるという点に限らない。フォールの映画に対する考え方は、同時代の時代精神を存分に吸い込むことで培われたものだ。彼は「映画造形《シネプラスティック》について」を演劇への嫌悪感の表明から始めるが、それはあたかも当時の先鋭的議論に倣うかのようである。たとえばエミール・ヴュイエルモーズは、「現在の映画技術に見られる大きな欠陥は、演劇的に留まっていることである」（『ル・タン』第二〇三〇四号、一九一七年二月七日）と診断を下していた。もしくはルイ・デリュックは、

「不幸なのは、本国の映画作家の多くが演劇出身であることだ。コンセルヴァトワール、オデオン座、コメディ・フランセーズは、映画作家を前もって堕落させてしまった」（『フォトジェニー』、一九二〇年）と演劇を断罪した。[11] コメディ・フランセーズの協力のもと製作された『ギース公の暗殺』（一九〇八年）が世界的成功を収め、映画の芸術的価値を判定するために演劇の基準に照らすのは常套となっており、そのような状況への反撥が新たな潮流を生み出しつつあった。フォールはまさしく時代の流れと同調している。

チャップリンへの讃歌もまた、同時代を呼吸していたことの美しい例証である。当時、チャップリンはフランスで大衆的人気を獲得するばかりか、文人や芸術家を熱狂させる存在だった。ルイ・アラゴン、イヴァン・ゴル、ポール・エリュアール、ロベール・デスノス、マックス・ジャコブ……。彼に魅せられた人の名を挙げれば切りがない。ジャン・エプシュタインやルイ・デリュックといった血気盛んな若き映画作家も例外ではなかった。[12] 一九二一年、ルイ・デリュックは『シャルロ』を刊行する。フランス初のモノグラフィである。

フォールの映画論を読むうえで無視しがたいのは、なかでもリチョット・カヌードの存在だろう。彼もまた映画は演劇ではないと主張するとともに、チャップリンを評価し、その作品に映画芸術の可能性を探っていた。いまでも使われる「第七芸術」という呼称の生みの親であり、映画に諸芸術の総合をいち早く見てとった人物である。

一八七七年、イタリア南部ジョーイア・デル・コッレに生まれたカヌードは、ローマとフィレンツェの大学に通ったあと、一九〇二年にパリに来るやたちまち文学・芸術の前衛運動の渦中に入り込み、主要な役柄を演じていった。一九一三年に創刊した芸術雑誌『モンジョワ！』には、ギヨーム・アポリネールやブレーズ・サンドラールが寄稿し、フェルナン・レジェやイーゴリ・ストラヴィンスキーが協力した。また雑誌の定期会合〈『モンジョワ！』の月曜会〉を主催すると、そこはエリック・サティやロベール・ドローネー、マルク・シャガールまでが集う場となった。カヌードは、パリの前衛に囲まれながら、映画への関心をますます高めていくことになる。

カヌードは一九二一年四月、ＣＡＳＡ（Club des Amis du Septième Art の略で、「第七芸術友の会」の意）というシネクラブを設立し、定期的に自宅やレストランで会合を開き、映画をめぐる意見交換の場をもうけた。また、会員に閉じられた会合には飽きたらず、一般の観客も参加できる上映会を企画した。一九二一年から二三年にかけては、サロン・ドートンヌで上映会に加えて展覧会を開催し、映画の抜粋の展示という先駆的試みに着手している。カヌードと友の会会員は、シネクラブ運営に並行して雑誌『ガゼット・デ・セッタール』（「第七芸術雑誌」の意）を刊行し、生まれたばかりの芸術である映画をめぐって自由に記事を執筆した。

第七芸術友の会（ＣＡＳＡ）は、一九二〇年六月にルイ・デリュックが設立したシネクラブを第一とすると、フランスで二番目に生まれたシネクラブである。そこに集った会員の名前を挙げるだけでも、当時の主要な前衛映画人が勢揃いしていることが理解できるだろう。設立に際し、アベル・ガンスとジェルメーヌ・デュラックが副会長に、アンリ・フェスクールとルネ・ル・ソンティエが事務局長に就任した。ルイ・デリュック、ジャン・エプシュタイン、アルベルト・カヴァルカンティ、マルセル・レルビエ、レオン・ポワリエ、ルイ・ナルパ、アンリ・ルーセル、マックス・

ランデールといった映画作家が会員となり、それに加えて、批評家（レオン・ムーシナック、ルネ・ジャンヌ、リオネル・ランドリー、リュシアン・ヴァール、ピエール・シズ）、作家（ブレーズ・サンドラール、ジャン・コクトー、アレクサンドル・アルヌー）、芸術家（ロベール・マレ＝ステヴァンス、フェルナン・レジェ、マルセル・グロメール）、音楽家（アルチュール・オネゲル、モーリス・ラヴェル、アレクシス・ロラン＝マニュエル、モーリス・ジョベール）、俳優（エーヴ・フランシス、ジャック・カトラン、ガストン・モド、アリー・ボール、ジャン・トゥールー、エミー・リン）など、今日の目から見るとそのあまりの豪華さに目が奪われるばかりの面々が集まっていた。[13] カヌードは一九二三年十一月に四十六歳の早すぎる死を迎えて、シネクラブも雑誌も終わることになったが、その濃密な数年間に醸成された精神が引き継がれたのは歴史が証すとおりだ。シネクラブと雑誌を運営した映画批評家アンドレ・バザンをヌーヴェル・ヴァーグ（新しい波）の精神的父親とするなら、リチョット・カヌードはいわば一九二〇年代前衛映画の精神的父親であり、「第一の波」のバザンなのだ。ジャン・エプシュタインはことあるごとにカヌードへの敬意を表明していた。「カヌードは「人物＝自然」という合成語を編み出した」（「ドラマの時間と登場人物」、『シネグラフィ』一九二七年十一月十五日）。[14]「自然の映画（film de nature）」を映画の理想に位置づけたエプシュタインにとって、[15] このカヌードのアイデアは一つの指針として機能する。一九二三年六月、エプシュタインはエトナ山の噴火を撮影しにシチリアに赴き、映画『不実な山』を仕上げるとともに、その後にみずからの考察を書物『エトナ山から見た映画』（一九二六年）にまとめた。『フィニス・テラエ』（一九二八年）、『モルヴラン』（一九三〇年）、『海の黄金』（一九三二年）といった故郷のブルターニュ地方で住民とともに撮られた諸作では自然が主役の座へと迫り出し、晩年の傑作『テンペスト』（一九四七年）へとその試みは結実していく。

ところでエリー・フォールもまた、カヌードの第七芸術友の会の会員だったのである。党派性を嫌ったためか、あまり積極的に参加していた形跡は見られないものの、彼の思考がこのような時代の空気のなかで育まれたことは想像に難くない。映画に諸芸術の統合を見る点にはじまり、造形と運動の組み合わせを映画に認め、時間やリズムに重点を置く主張にいたるまで、フォールの論点は、カヌードの映画論を踏まえたものである。映画を「神殿」に見立てたり、映画の発明を「火の発見以来の事件」とするあたりも両者に共通している。あるいは、二人が映画を論じるにあたって用いるのは、ほとんど同じ単語なのだ。一九一一年に発表された「第六芸術の誕生」（一九〇八年にイタリア語で発表された「映画の勝利」を改稿したもの）において、カヌードは映画はまだ芸術になっていないと断りつつも、それを「建築」「彫刻」「絵画」「音楽」「詩」の五つに続く「第六の芸術」と定義し、いままさにそれらすべてを集約する芸術の誕生に立ち会っているのだと主張する。映画を「運動状態にある造形芸術」と呼び、そこに「科学」と「芸術」との両立を見るカヌードの論旨は、「映画造形《シネプラスティック》について」のフォールの筆致にそのまま移植されるかのようである。

われわれは運動状態にある造形芸術の創生を思うことができる。第六芸術の創生である。われらの時代以前にこうした事態を考える者がいたかというと、一人もいなかった。なぜなら、人間精神の進化はまだ、生全体を複雑に表象するべく〈科学〉と〈芸術〉を両立させたいという暴力的な欲望が開花するにはいたっていなかったからである。映画は、この大いなる両立を果たすという約束を日に日に更新し、さらには毎日より力強くそれを更新している。〈科学〉と〈芸術〉との両立ばかりではない。〈時間のリズム〉と〈空間のリズム〉との両立も同様に約束されている。

リチョット・カヌード「第六芸術の誕生」、一九一一年[16]

*

フォールはカヌードの論旨を引き継いでいる。この点では、研究の進んだ現在から見ても、アンリ・アジェルの見立てはいたって妥当である。曰く、「エリー・フォールの考えはカヌードの考えに通じ、エプシュタインを予告している[17]」。だがより注目に値するのは、フォールとカヌードの文章をつぶさに読み比べてみると、些細ながら決定的な差異が見出される事実である。たとえば、カヌードは「映画は現代のパントマイムである。表現のダンスの新たな姿である[18]」と主張するのに対し、フォールは映画とパントマイムとの違いを強調する。「パントマイムは、様式化された身振りを用いて感情と情念を表現し、感情も情念も本質的な身体所作へと送り返される。つまりパントマイムは、造形的《プラスティック》というより心理的芸術といえる。一方、映画はまずもって造形的である」（「映画造形《シネプラスティック》について」、一九頁）。

映画は造形的である。その点において、パントマイムと異なる。フォールはこう明言し、映画と造形をそのまま結びつけて「映画造形《シネプラスティック》」という語を考案する。しかし「造形」や「形態」という語の把握の仕方をめぐって、カヌードとフォールの二人には対立が見られる点にさらなる注意が必要である。フォールが「シネプラスティック」を諦めた理由も、おそらくこの点に関わっている。

カヌードは一九一一年の時点では、映画はまだ芸術ではないとの診断を下していた。なぜなら「造形的な解釈に特有の選択をする可能性が欠けているから」[19]である。「一つの形態のなかには、類似の魂の数々の統合がなければならない」[20]と考える彼にとって、「造形」や「形態」は「運動」の対義語である。「芸術家がもろもろの事物の魂の最上とその普遍的意味の最上とを不動と化し、明白に定められた一つの形態のなかに固定する術を心得ていれば、その芸術はよりいっそう深淵なものとなる」[21]。一九二一年、「スペクタクルの美学——映画を擁護しよう」において、彼はお得意の「空間芸術」と「時間芸術」の対を引き合いに出しながら、「空間芸術」を「不動的な芸術」および「造形の芸術」と言い換えてみせ、もう一方の「時間芸術」を「動的な芸術」であり「リズムの芸術」であるとする。[22]しかしフォールにとって、「造形」は固定性や不動性をまったく意味していなかった。「「造形的《プラスティック》」という言葉の意味を取り違えないでいただきたい」とフォールは乞い願っていた。「造形という語は一般的に、いわゆる彫刻的な、固定した、色彩に乏しい形態を思わせる。[……]しかし造形とは、もっぱら形態を表現する術のことである。その形態が止まっているか、動いているかは問題ではない」(「映画造形《シネプラスティック》について」、一九頁)。フォールからすると、造形それ自体がすでにしてリズムであり、運動である。体操は造形であり、行進は造形である。

造形とは、人類に可能なあらゆる方法でもって形態を表現する技芸である。丸彫りであれ、浅浮き彫りであれ、壁面に掘られる彫版であれ、銅版画、木版画、石版画であれ、あるいは素描であるならいかなる手法が用いられようが、絵画やフレスコ画、ひいてはダンスであっても、形態を表現することを造形という。したがって次のように断言しても、私はいささかも大胆だとは思わない。体操選手の一団によるリズミカルな運動、宗教行列や軍隊の行進が生み出すリズミカルな運動は、ジャック＝ルイ・ダヴィッドが体現する新古典派の歴史画にもまして、造形芸術の精神に触れている。映画造形《シネプラスティック》は、絵画のように、いや、むしろ絵画よりも完全なかたちで――というのも、映画造形の特徴は、持続のなかで生き生きとリズムを繰り返し刻んでいくことにあるのだから――、音楽へと日ごとにますます近づいていく。ダンスにも近づいていく。そこでは運動と韻律が解釈され、交錯し、結び合わされる。それゆえ、いくら凡庸な映画作品といえども、音楽空間のなかで展開しているという印象を受ける。

「映画造形《シネプラスティック》について」、一九－二〇頁

＊

映画史家ロラン・ギドが指摘するように、運動性を獲得した造形芸術として映画を捉える視点は、一九二〇年代のフランスで活躍した映画人に共通して見られる。[23]「物語的前衛」や「印象主義」や「第一の波」といった様々な呼称で括られる一連の映画作家――ジャン・エプシュタイン、ジェルメーヌ・デュラック、マルセル・レルビエ、アベル・ガンス、ルイ・デリュックら——や、レオン・ムーシナックをはじめとする批評家はみなこぞってリチョット・カヌードにならい、映画を「動く造形芸術」と捉えた。しかし、そこから逆に浮かび上がるのは、絵画や彫刻に代表される造形芸術には運動が欠けているという認識である。エリー・フォールの主張はこうした考え方に調和するかのようで、根本的な点で対立をみせる。この点を見落としてはならない。

エリー・フォールは、なぜ「シネプラスティック」という表現を使わなくなるのか。それは「造形（plastique）」の語がいたずらな誤解を生むと判断したからである。「造形」の語は、いやがおうにも彫刻のような固定した形態を喚起してしまう。「造形」というと、ほとんど自動的に狭義の「造形芸術」を意味すると解されてしまう。これでは真意が伝わらないと思い、みずからの造語を撤回するにいたった……。もちろん、いまとなっては何を言っても推測の域を出ない。だが、與謝野文子が注目するように、フォールは「造形」という概念を「自己流に」定義しているのは事実である[24]。フォールの提案をひとえに「造形芸術」とのみ結びつけぬよう再三注意を促すジャック・オーモンの主張にも一定の説得力がある。[25] 要するに、こういうことだ。「シネプラスティック」はカヌードに見られるような一般の造形観とは相容れない。しかし、語の本来の姿により近いのである。「造形とは、人類に可能なあらゆる方法でもって形態を表現する技芸である」というフォールの定義は、むしろきわめて真っ当であり、それを彫刻のような固定した形態にのみ関わるとするのは語の矮小化にすぎない。

カトリーヌ・マラブーは、ジャック・デリダの指導の下に提出された博士論文『ヘーゲルの未来』(一九九六年)以来、「プラスティシテ(plasticité)」の概念を練り上げてきた。[26]「造形性」とも訳せるが、概して「可塑性」とするのが通例である。彼女によれば、ギリシア語の「plassein(形を造る、形を成す)」に由来する、フランス語の名詞「la plastique」や形容詞「plastique」(あるいはドイツ語の名詞「die Plastik」や形容詞「plastisch」)には元来二つの意味がある。粘土や蝋がそうであるように「形を受け入れる」という意味と、造形芸術(arts *plastiques*)や形成外科(chirurgie *plastique*)といった用例のように「形を与える」という意味の二つである。つまり、「造形的である/可塑的である(plastique)」とは、「形」や「形態」や「形式」に対して受動的であり、なおかつ能動的であるという二重性を示している。また「プラスティック爆弾(plastic)」や「プラスティック爆弾で爆破する(plastiquer)」などの単語に見られるように、そこには上記二つの意味に対立する、「形を破壊する」という第三の意味もある。

「可塑性」は、ヘーゲル哲学に関わるばかりではない。いや、それどころか、哲学一般を越えた概念であるからこそ、マラブーはこれを作り直した。彼女は一九九九年にル・フレノワ国立現代芸術スタジオにおいて、哲学、芸術、材料工学、文学、遺伝学、数学、神経生物学など多様な領域の専門家を集めてシンポジウムを開き、みずからの掲げる「可塑性」が複数領域を横断する概念であることを示してみせた。[27]「可塑性」を具体的に体現する物質としてなかでも特権的対象とされるのは、脳である。『わたしたちの脳をどうするか』(二〇〇四年)や『新たなる傷つきし者』(二〇〇七年)において、彼女は神経生物学や神経科学といった科学的言説を参照しながら、概念装置をよりいっそう錬磨させていく。[28]

興味深いのは、マラブーとフォールが「プラスティック」の一語をめぐって意見を同じくする点である。彼女がこの語を用いるのは、まさしくフォールがそうだったように、「変化」や「運動」を逃さぬためにほかならない。彼女は、フォールの「シネプラスティック」を受け取った一人であり、その意義を深く理解する者の一人なのである。フォールの造語が映画に関わることを承知のうえでと断りを入れながら、彼女はそれをまったく新たに読み替える。フォールが強調するのは「プラスティック」という形容詞が「運動状態にある形態や動く形象を指し示すのにうってつけである」点だとマラブーは指摘する。その意味で、「「シネプラスティック」は可塑的なプロセスの移動を成し遂げ、ほかならぬ移動の可塑的な価値を問うことを可能にする」概念なのである。[29] ここでは、「cinéma（映画）」は語源であるギリシア語「kinema（運動）」へと引き戻されている。「シネプラスティック」は「運動」と「造形／可塑」とを組み合わせた造語と解すことができる。

マラブーは、デリダの「エクリチュール」に変わる新たな概念として「プラスティシテ」を構想している。つまり「書く（graphein）」に対して「形をなす（plassein）」を擁護し、「痕跡」ではなく「形態」を問題とする。[30] エリー・フォールの「シネプラスティック」が当時流通していた「シネグラフィ」やリュミエール兄弟による「シネマトグラフ」という造語と言葉の上で明確な対照をなすのは、この上なく示唆的である。映画は「運動のエクリチュール」ではない。映画は「運動の痕跡」ではない。映画は運動の可塑的な造形であり、形態を破壊する可能性をうちに秘めながら、形態を受け取っては与え返す。シネプラスティックのこのような語義解釈は、フォールの主張となんら背反しない。彼は、噴火する火山から噴き出すマグマの運動にシネプラスティックの「形態的象徴」を見た。

*

ギリシア語の「造形する（plassein）」はほどなく比喩的な意味を担うと、バルディーヌ・サン＝ジロンは指摘している。[31] たとえば「育成する」や「教育する」を意味するようになる。なぜなら身体にかぎらず、魂もまた造形の対象となるからである。しかしそれに加えて、形という結果ではなく、その結果を導く意図に焦点を絞るなら、「想像する」「ふりをする」「嘘をつく」といった意味もまたそこには孕まれている。サン＝ジロンは、そのような観点からすれば、ギリシア語の「造形する（plassein）」はラテン語の「作る（fingere）」と結びつける必要があると言う。「粘土で形を作る」が第一義であり、そこから派生して「（物理的および精神的意味で）加工する」「押す」「触れる」「表象する」「想像する」「ふりをする」「発明する」などの意味を担うようになる語である。彼女がこの語に注目するのは、それが「形象（figure）」と「虚構（fiction）」という二つの語を生み出すことになるからだ。「造形」とは、「形象」であり「虚構」なのである。

一九九〇年代以降の仏語圏で展開した映画論において、「形象」という概念がにわかに浮上したことは記憶に新しい。「形象」とそこから派生する諸概念——たとえば、「具象的なもの（le figuratif）」や「形象化されたもの／比喩的なもの（le figuré）」や「形象化可能なもの（le figurable）」や「形象的なもの（le figural）」など——を通して、説話に回収されない映画イメージそのものの力に迫ろうとする動きが隆盛をみせた。[32] むろん、「形象」をめぐる一連の概念は、ジャン＝フランソワ・リオタールの『言説、形象』（一九七一年）から多かれ少なかれ借り受けられたものだ。映画研究はこの概念を頼りに、理知的な言語表現と異なり、あらゆる意味体系に還元されない「出来事」としてのイメージの力を重視する方向へと大きく舵を切った。リオタールが導入した「具象的なもの」と「形象的なもの」の対立を引き合いに出しながら、絵画における「形象」を論じたジル・ドゥルーズの『フランシス・ベーコン――感覚の論理学』（一九八一年）も、その後の映画理論に応用された一冊である。表象を断ち切り、物語を粉砕し、説明を妨害しながら、かといって抽象によって純粋な形態にも向かわない方向性を、ドゥルーズはベーコンの絵画に見出した。形象を摘出し、孤立化させることで、純粋に形象的なものへと向かう可能性を示唆した。[33] また、九〇年代以降に映画論がいつになく発展したのは、ジョルジュ・ディディ＝ユベルマンの『イメージの前で』や『フラ・アンジェリコ』（ともに一九九〇年）、ダニエル・アラスの『細部』（一九九二年）など、同時代に提起された美術史家の議論や知見や発想を果敢に取り込んでみせたことが大きい。こうして映画作品における映像に固有の次元へと光が当てられるとともに、映画映像に宿る欲望や情動、感覚といったものが俎上に載せられていくことになる。

ジャック・オーモンの『映画作品は何を考えているのか？』（一九九六年）やニコル・ブルネーズの『総じて形象について、とりわけ身体について』（一九九八年）には、「形象」に着目した批評的探求の成果が結実している。[34] フィリップ・デュボワは、代表的な論者のなかでもひときわ理論的考察を推し進めたことで知られるが、みずからの主張する「形象的なもの」をエリー・フォールにとっての造形性――つまり「シネプラスティック」――と同一視した。[35]

デュボワはいささか否定神学的な手続きによって、「形象的なもの」を定義づける。それは、「あるイメージから、具象的なもの（つまり指示的なモティーフのことであり、イコノグラフィーに関わる）と形象化されたもの（つまり比喩や転義のことであり、修辞学とイコノロジーに関わる）を取り除いてもなお残っているものであり、それにもかかわらず、形象可能なままにとどまっているものである[36]」。デュボワによれば、フォールには「形象的なもの」に対する鋭敏な感性が見られる。たとえば次のような箇所がその例証だという。

かつて思いもかけない感情に囚われたことがあった。戦争の始まる七、八年前になるが、想像を絶するほど低俗な筋立ての映画――むろん、フランス映画だ！――を見たときのことである。未来の映画が何であるか、ふと啓示のように閃いた。いまでもはっきりと覚えている。黒い洋服と宿屋の灰色の壁とが、瞬間的に、見事な調和を生み出しているのを見たとき、私は衝撃的な震えを味わった。すると、不幸な女の身の上話には突如として関心がなくなった。恥知らずな夫を助けるために、かつて母を殺し、娘に売春させた好色な資産家に身を預けざるをえない、哀れな女性の受難など、もはやどうでもいいことだった。私は感嘆の気持ちをますます高めながら、気付きはじめた。調子が様々に関係していくのを眺めやるうちに、映画作品が黒から白へと階層付けられた明暗の度合い《ヴァルール》の体系へと、銀幕の表面上で、またその奥底で絶えず混ざり合い、動き、変化していくヴァルールの体系へと変わっていく。

「映画造形《シネプラスティック》について」、二〇頁

フォールは物語への関心を失うとともに、映画から発散されるイメージの美しさに魅せられ、その力に打ちのめされている。だがここで問題となるのは、物語に対する映像の優位に限らぬ点に留意したい。

デュボワはフォールの一節をゴダールによる名高いヒッチコック礼賛のくだりと比べてみせる。『(複数の)映画史』(一九八八―九八年)の「4A　宇宙のコントロール」の中盤に見られる箇所である。『海外特派員』(一九四〇年)のジョエル・マクリーがオランダに何をしに行ったかを忘れていても、あの風に逆らって逆向きに回転する「風車」のことは覚えている。『断崖』(一九四一年)の「白いミルク」や『汚名』(一九四六年)のワインセラーに「並んだボトル」を忘れる人はいない。ヒッチコック作品の抜粋が次から次へと映されるなかで、ゴダール自身の声でナレーションが重ねられていく。ゴダールは続けて、ヒッチコックを「二十世紀の形態を作り出したもっとも偉大な創造者」と位置づける。二十世紀の形態とは「諸事物の底にあるものをわれわれに伝える諸形態」のことであり、ひいては「思考する形態」(『映画史』「3A　絶対の貨幣」)のことである。つまり、デュボワの主張に従うなら、ゴダールはここで物語中での役割から切り離された風車やミルクやワインボトルといった物体それ自体を重視しているわけではない。クロースアップや照明やモンタージュの機微を通して、そうした物体に「形態」がもたらされていることが重要なのである。こうして、「イメージのなかで」かつ「イメージによって」、それぞれの具象的な物体が「形象」としての潜勢力を獲得することになる。

ゴダールと比べると、フォールの操作はよりいっそう純粋であり、なおかつ段階的に見える。想像を絶するほど低俗な筋立てから関心が薄れるとともに、「黒い洋服」と「宿屋の灰色の壁」という具象的なものに関心が移り、さらにはそれらが黒と灰という色彩の調和へと変貌していく。もはやそこには表象も具象も比喩もない。寓意や象徴を担うモティーフもない。主題を暗示し、解釈を誘うものは何一つない。確固たる形態というより、形態と不定形とのあいだを移りゆく白黒の階調のみがある。あるいは、刻一刻と姿を変えていく形態のみがある。ほとんど抽象に達した黒と白が「銀幕の表面上で、またその奥底で絶えず混ざり合い、動き、変化して」いる。ただそれだけの出来事を前にして、フォールは「衝撃的な震え」に囚われる。

デュボワは、フォールがここで一見なんの変哲もない「震え」の一語を用いたことを見逃さずに捕まえる。「形象的なもの」は、イメージのただなかで生起する「出来事」であり、そこに一瞬の煌めきのように訪れる「裂け目」である。「形象と欲望との根源的な共謀というものがある」[37]（ジャン＝フランソワ・リオタール）。その現れは見る者に衝撃をもたらし、情動に直接訴えかけてくるのだ。

フォールの「シネプラスティック」はかくして「形象的なもの」へと姿を変えて、現代にふたたび甦ったかにみえる。しかし、デュボワによる形象の映画美学は、ただちに二つの未完に終わったプロジェクトへと連想を誘う。二つとも彼の計画である。

一つは、ジャン＝フランソワ・リオタールの死に際して編まれた論集で言及されている。フィリップ・デュボワは「形象」という概念とその派生語をめぐる歴史的かつ理論的な書物を執筆中であると宣言し、全部で七部からなる構成を披露する。

第一部　語彙論の知――フィグーラ（エーリッヒ・アウエルバッハ）
第二部　形而上学の知――形象可能性と形象的なもの（プロティノスからテルトゥリアヌスへ）
第三部　修辞学の知――語と思考の形象（クインティリアヌス、デュマルセ、フォンタニエ、グループμ）
第四部　現象学の知――可視的なもの〔le visible〕と視覚的なもの〔le visuel〕（メルロ＝ポンティ、リオタール）
第五部　精神分析の知――形象と徴候（フロイト、ラカン）
第六部　美術史と美術理論の知――形象とモティーフ（パノフスキー、シャステル、ダミッシュ）
第七部　悦ばしき知（ヴァールブルク、バタイユ、ディディ＝ユベルマン）[38]

あまりに壮大にして、無謀な試みと映る。しかし、映画および視聴覚芸術一般の理論家であると同時に、修辞学や詩学や記号学を軸に領域横断的な研究を進めるグループμのメンバーでもあるデュボワにしてみれば、単なる大風呂敷というわけではなかったはずだ。二〇一二年、ケベック大学の研究者によって、「形象」を主題にした一冊のアンソロジーが刊行された。[39] 文学や哲学や美学を中心に新旧の論考を編纂した同書には、デュボワやオーモンによる映画論も収められており、野心の幾分かは引き継がれた。

もう一つは、スリジー＝ラ＝サルにて行われた二〇〇一年のコロックを記録した論集に言及がある（刊行は二〇〇四年）。デュボワはそこで、『映画作品の形象的分析（*L'Analyse figurale de films*）』と題した論集を準備中だと言い、ジャック・オーモン、レーモン・ベルール、ニコル・ブルネーズ、リュック・ヴァンシェリ、ジョルジュ・ディディ＝ユベルマンの論文で構成されると告げている。[40] しかしこれも、日の目を見ぬまま今日にいたっている。

＊

私は、エリー・フォールが映画をめぐって綴った論考や短評を取捨選択しながら、さてこれらをどう配置したものかと頭を悩ませていたとき、あることに気が付いた。結果として、本書には一九二〇年から没年である一九三七年までの文章が集められることになったが、一九二〇年というのは、『近代美術』の刊行を控えたフォールがちょうど『形態の精神』の具体的な構想を練りはじめていた時期に当たる。「映画造形《シネプラスティック》について」に始まるフォールの映画論は、いわばもう一つの『形態の精神』であり、『形態の精神』は一種の映画論として読める。実際、よく引かれる「ダンスと映画」との題で知られる論考は、『形態の精神』からの抜粋である。[41]

フォールの著作を映画論として読むこと。それをさりげなく示唆していたのは、ほかならぬジャン＝リュック・ゴダールである。[42]『（複数の）映画史』の「4A　宇宙のコントロール」において、彼はフォールの『近代美術』からレンブラントを論じた箇所をアラン・キュニーに朗読させながら、主語の「レンブラント」を「映画」に置き換えている。[43] フォールのレンブラント論は、映画論へとたちまち変貌する可能性を秘めていたわけだ。同じことは、『気狂いピエロ』（一九六五年）の冒頭についても言えるはずである。フェルディナン（ジャン＝ポール・ベルモンド）によって、同じく『近代美術』が朗読される。「ベラスケスは五十歳を越えると、明確な事物を描かなくなった」から始まる、かなり長い引用である。[44] ゴダールはこの引用を通じて、「と（et）の方法」や「あいだ（entre）の方法」と名指される彼自身の方法論を主張したと見る向きもある。[45] ベラスケスは晩年にいたって、事物ではなく、事物と事物のあいだにあるものを描いた。そのようにこの長い引用部分を要約できるからである。そうすると、主語の「ベラスケス」はゴダール自身を指していることになる。だが本当は、その主語は「映画」に置き換えられるべきなのではないか。つまり、映画は明確な事物ではなく、それらのあいだにあるものを捉える、というふうに。空気と黄昏とともに、対象のまわりをさまようばかりの晩年のベラスケスとは、映画の別名ではないか。形態と調子とを互いに浸透し合わせる神秘的交感のみを捉える晩年のベラスケスとは、映画のことではないか。いずれにせよ、『形態の精神』のフォールは、あたかもみずからが論じた晩年のベラスケスに倣うかのように、形態と形態のあいだに煌めく刹那の精神を探し求める。「私は存在（l'être）を描くのではなく、推移（le passage）を描く」。『形態の精神』のエピグラフに据えられるのは、モンテーニュの高名な宣言である。

「形態の精神」——もしくは「諸形態の精神」——という書名は、単にありふれた単語を組み合わせたものではない。形態とは、表面に現れた外観であり、「可視的なもの」である。一方、精神とは内奥に隠された「不可視なもの」である。撞着語法の華麗なる適用によって、フォールは可視の内奥に存する不可視に迫ろうとする主眼を明らかにする。「諸形態の精神は一つである」。そして、たった一つの精神が「諸形態の内部を循環している」[46]。フォールのよって立つ前提は歴然としている。しかしながら、読む者を戸惑わせるのは、この唯一にして絶対の精神なるものがけっして記述の対象にはならない点である。『形態の精神』は、時代や地域や外観を異にする芸術作品を並べ、形態という形態を次々と描写していくばかりなのである。

「序文」によれば、『形態の精神』は、相反し合っているかに見える作品のあいだに、異なった作品が呈する対立し合う性格のあいだに、「内的調和」を見出す試みである。[47]「類縁性」を通して、「起源の同一性」を探る試みである。[48]「あらゆる場所で大昔から知性を表現しているもろもろの形象的形態にある相違のなかに、構図の同一性のようなものを見出す」試みである。[49]フォールは毎回異なる比喩に頼りながら、「形態」と「精神」を幾度となく言い換えていく。文体にはおのずと循環と反復が宿り、ほとんど同じ主張が一行ごとに繰り返される。

同じ一つの民族の神々であったとしても、神々のイメージはあたうかぎり変わりやすいものとなっている。なぜなら、神々のイメージが外観の世界で表象しているのは、ある力の不可視の循環だからである。その力は永続的であり、障害の数々を決然と打ち砕く。あるいは、歪めてみせる。人類の起源このかた外観の世界の動脈を経巡り、その神経を活性化し、その骨に塩を振りかけ接合してきたのは、そうした力である。この力に宿る永続性こそが問題である。象徴という象徴の多様性と可変性の下に隠されたこの力の永続性を見つけ出し、それに光を当てねばならない。この力の永続性を神と形容するに越したことはないだろう。ただし、この力の永続性が本質において捉えられぬままでなくてはならない。その存在の多かれ少なかれ本質的で深淵な側面、ただそれだけがときおり見せられるのでなければならない。詩人の使命とは、こうした側面が永遠に消え去る前に、それをあらわとすることにほかならぬ。ポリネシアの宇宙創造説には、実に感動的な神話がある。それによれば、神は、形態と化した瞬間に初めて神になる。なるほど、その通りである。しかし、神は形態と化した瞬間から死にはじめる。これもまた真なのである。[50]

精神は、形態と形態とのあいだに間違いなく存在している。ところがそれは見ることも捉えることも叶わない。なぜなら精神は形態とならないかぎり、精神ではない。しかし、形態となったとたんに精神ではなくなってしまうからである。そうした性質を持つ精神を記述するほとんど不可能な矛盾に満ちた試みのことを、彼は「詩人の使命」と名付ける。「映画造形《シネプラスティック》について」をはじめとした映画をめぐる論考は、かかる詩人の使命を担いうる思考を育む渦中で生み落とされたものだ。形態の絶えまない変容であり運動である映画に対し、フォールはシネプラスティックという言葉を与えようとした。それが存在しようもないからこそ、彼には新たな言葉が必要だと思われたのだ。存在しようもないにもかかわらず、現に存在してしまっているからこそ、それを名付ける使命を感じたのだ。映画はあたかも諸形態の精神を体現するかのように突如として現れた。あるいは、もし仮りに諸形態の精神を体現するものがあるとするなら、それこそが映画であり、シネプラスティックと呼ばれたのだ。

＊

フォールは、ティントレットの《天国》（一五八八年）を見て、そこに映画を感じとる。映画の生まれる三百年も前の絵画に、映画を思わせるものなどあるはずがない。写真すら知られていない時代に、ティントレットが映画を予感するなどありえない。デジャヴュと同類の誤認であり、時間錯誤の典型である。しかし、フォールのアナクロニスムはさらに先を行っている。彼がそこに見るのは「現時点の映画」ですらない。「映画が将来なるはずのもの」なのである（「ティントレットの予感」、七一頁）。彼は過去のなかに現在を見る。そして未来を透かし見る。

エリー・フォールによる映画論は、過ぎ去った時代の証言なのか。それとも、いまなおアクチュアルな問題意識を提起しているのか。おそらくこの問いは、次のように言い換えられる。彼のテクストに向き合うとき、そこに見えるのは過去なのか、それとも現在なのか。私は翻訳を始めたとき、そのいずれでもあるとの確信を持っていた。それは、フォールの映画論が、一方で両大戦間期に花開いた「映画理論の時代」に属する議論を繰り広げるものであり、またもう一方では一九九〇年代以降になって再発見されるという経緯があったからである。だが翻訳を進めていくなかで、フォールが三世紀前の絵画に映画の未来を見てしまったように、そこには何か未来への予兆を読み取ることができるのではないかと自問しはじめた。

はたして、そのようなことが一体可能なのか。エリー・フォールが生きたのは、映画が生まれ、その輪郭を確固たるものとしていく時代だった。映画をその他の芸術との比較で考えていった結果、「映画は映画である」という同語反復に至りつく彼の思考の歩みは、そうした時代背景を雄弁に物語っている。それは、映画の存在自体が驚異から自明へと変わりゆく過程を正確に辿っている。驚異はいつしか馴致され、忘れられる。誰もが動画を作成することができ、いたるところで動画の流れる現在は、そのような忘却すら忘却されている時代といえるだろう。これほどの時間の隔たりを括弧に括り、過去を未来に変えることはできるのか。いや、そもそもそうした時間錯誤は許されることなのか。

やはり、私は読者に判断を委ねたいと思う。もし訳者になんらかの特権が許されるなら、本書が思いも寄らぬ読者の手に渡り、新たな思考と創造のよすがとなることを願うことに限られている。

二〇一八年二月、東京にて
須藤健太郎

註

1　*Fonction du cinéma. De la cinéplastique à son destin social. 1921-1937*, Yves Lévy (éd.), Paris, Éditions d'histoire et d'art, Librairie Plon, 1953. Rééd. Genève, Gonthier, 1964 ; Paris, Gonthier-Denoël, 1976. *Cinéma*, Houilles, Éditions Manucius, 2010. *Pour le septième art*, Jean-Paul Morel (éd.), Lausanne, L'Âge d'Homme, coll. « Histoire et esthétique du cinéma », 2015.

2　エリー・フォール『美術史1　古代美術』、篠原千恵子訳、国書刊行会、二〇〇二年。『美術史2　中世美術』小池寿子、星埜守之訳、国書刊行会、二〇一〇年。『美術史3　ルネサンス美術』、森田義之、小林もり子訳、国書刊行会、二〇〇四年。『美術史4　近代美術I』、谷川渥、水野千依訳、二〇〇七年。『美術史5　近代美術II』、與謝野文子訳、国書刊行会、二〇〇九年。『美術史6　形態の精神I』、星埜守之訳、国書刊行会、二〇〇三年。『美術史7　形態の精神II』、星埜守之訳、国書刊行会、二〇〇六年。また、一九三六年に刊行された文明評論集『約束の地を見つめて』には邦訳がある（古田幸男訳、法政大学出版局、一九七三年）。映画論としてよく引かれる「機械の擁護と顕揚」は、この文明評論集に収録されている。

3　三浦哲哉『映画とは何か——フランス映画思想史』、筑摩選書、二〇一四年。岡田温司『映画は絵画のように——静止・運動・時間』、岩波書店、二〇一五年、とくに二一一—二一五頁。

4　Walter Benjamin, » Das Kunstwerk im Zeitalter seiner technischen Reproduzierbarkeit (Zweite Fassung) «, in *Gesammelte Schriften*, Bd. VII, Frankfurt am Mein, Suhrkamp, 1989, S. 375.（ヴァルター・ベンヤミン「複製技術時代の芸術作品〔第二稿〕」（一九三五—三六年）、『ベンヤミン・コレクション1　近代の意味』、浅

井健次郎編訳、久保哲司訳、ちくま学芸文庫、一九九五年、六一七頁）。訳文は一部変更した。以下、ほかの文献に関しても、引用は既訳を参考にしつつ拙訳を用いる。

5　Cf. Georges Sadoul, « Fernand Léger ou la cinéplastique », *Cinéma 59*, nº 35, avril 1959, pp. 73-82.

6　Laurent Guido, *L'Âge du rythme. Cinéma, musicalité et culture du corps dans les théories françaises des années 1910-1930*, Éditions Payot Lausanne, 2007, notamment chapitre 3 « Autour de la spécificité : analogie musicale et "cinéma pur" ». フォールは一九二六年付けのアベル・ガンスへの書簡のなかで、「シネプラスティック」という語はもう使っていないと告白している。また同書簡には、「視覚交響楽」という造語を自分が書いたときは、「まだエミール・ヴュイエルモーズはこの語を使っていなかったはずだ」との発言も読まれる。アベル・ガンスはこの事実に自覚的で、その書簡の余白には「視覚交響楽の最初の発掘者として最重要である」との手書きメモが残されている（Cf. Élie Faure, *Pour le septième art*, *op. cit.*, pp. 56-57）。

7　Cf. Christophe Wall-Romana, *Cinepoetry: Imaginary Cinemas in French Poetry*, New York, Fordham University Press, 2013. これまで Jean Epstein は「ジャン・エプスタン」と表記されることが一般化していたが、武田潔の提案に従って、「ジャン・エプシュタイン」とした。武田潔「映画の「自動性」と「世界への信」——三浦哲哉『映画とは何か——フランス映画思想史』書評」、『表象』第一〇号、二〇一六年、三一五–三一八頁、を参照。

8　英訳を手掛けたウォルター・パッチ（一八八三–一九五七）は、アメリカ合衆国の名の知れた美術批評家であり、一九〇七年から一九一二年までパリに滞在し、スタイン兄妹やピュトー派らと親しく付き合った。一九一三年、フォービズムやキュビズムを合衆国に紹介した伝説的な展覧会「アーモリー・ショー」の企画に携わり、それに合わせてエリー・フォールの『セザンヌ』を英訳したのが、フォールの翻訳者としての始まりである。一九一九年から二一年にかけて、エリー・フォールの『美術史』全四巻を、一九三〇年には『形態の精神』の英訳を発表した。フォールの『美術史』は合衆国でフランス本国以上の大きな成功を収め、広汎な読者を獲得した。

9 Abel Gance, « Le temps de l'image est venu! », *L'Art cinématographique*, tome II, Paris, Alcan, 1927, cité par Laurent Guido, *L'Âge du rythme, op. cit.*, p. 125.

10 Cf. Richard Abel, "*Cinégraphie* and the Search for Specificity", in *French Film Theory and Criticism. A History/Anthology, 1907-1939*, Volume I, Princeton, New Jersey, Princeton University Press, 1988, pp. 195-223.

11 二つとも以下の文献での引用による。Noureddine Ghali, *L'Avant-garde cinématographique en France dans les années vingt. Idées, conceptions, théories*, Paris, Éditions Paris Expérimental, 1995, p. 115.

12 チャップリン人気のほどは、ダニエル・バンダとジョゼ・ムール編纂のアンソロジー『シャルロ——ある神話の歴史』の目次を見るだけで一目瞭然である。*Charlot : histoire d'un mythe*, textes choisis et présentés par Daniel Banda et José Moure, Paris, Flammarion, coll. « Champs arts », 2013.

13 Cf. Noureddine Ghali, *L'Avant-garde cinématographique en France dans les années vingt, op. cit.*, pp. 55-56 ; Giovanni Dotoli, Jean-Paul Morel, « Présentation générale », in Ricciotto Canudo, *L'Usine aux images*, édition intégrale établie par Jean-Paul Morel, Éditions Séguier et Arte Éditions, 1995, pp. 7-19, p. 68. ＣＡＳＡ（第七芸術友の会）のメンバーや活動については、以下の文献が詳しい。Cf. Richard Abel, *French Cinema. The first Wave, 1915-*

1929, New Jersey, Princeton University Press, 1984, p. 252 sqq.

14 Jean Epstein, « Temps et personnage du drame », *Cinégraphie*, 15 novembre 1927, in *Écrits sur le cinéma*, tome I, Paris, Éditions Seghers, 1974, p. 180.

15 Cf. Joël Daire, *Jean Epstein. Une vie pour le cinéma*, Grandvilliers, La tour verte, coll. « La muse Celluloid », 2014.

16 Ricciotto Canudo, « La naissance d'un sixième art. Essai sur le cinématographe », 1911, in *L'Usine aux images*, *op. cit.*, p. 40. 細かいことだが、しばしば混乱が起きているので補足しておくと、リチョット・カヌードは映画をはじめは「第六芸術」と定義した。現在残っている「第七芸術」の呼称が初めて見られるのは、一九一九年の記事においてのことである。カヌードにとって、芸術はまず「建築」（空間の芸術）と「音楽」（時間の芸術）の二つに分けられる。そして「建築」を捕捉するものとして「絵画」と「彫刻」があり、「音楽」を捕捉するものとして「詩」があるとされた。一九一九年、カヌードは論考「映画の教え」において、音楽を捕捉するものとしてあらたに「舞踏」を加え、芸術を六つに分類する。そして、映画が「第七芸術」と呼ばれることになる（Cf. Ricciotto Canudo, « La leçon du cinéma », 1919, in *ibid.*, pp. 41-43）。

17 Henri Agel, *Esthétique du cinéma*, Paris, Presses universitaires de France, coll. « Que sais-je ? », 1957, p. 14.（アンリ・アジェル『映画の美学』、岡田真吉訳、白水社、一九五八年、一七－一八頁）。

18 Ricciotto Canudo, « La naissance d'un sixième art. Essai sur le cinématographe », 1911, in *L'Usine aux images*, *op. cit.*, p. 40.

19　*Ibid.*, p. 35.

20　*Ibid.*

21　*Ibid.*

22　Ricciotto Canudo, « Esthétique du spectacle. Défondons le cinéma », 1921, in *L'Usine aux images*, *op. cit.*, p. 50.

23　Cf. Laurent Guido, « Le film comme "art plastique en mouvement" dans les premières théories françaises du cinéma », in Sébastien Denis (dir.), *Arts plastiques et cinéma*, *CinémAction*, n° 122, Condé-sur-Noireau, Corlet Publications, 2007, pp. 84-91.

24　與謝野文子「訳者あとがき」、エリー・フォール『近代美術Ⅱ』、前掲書、二五五－二八二頁を参照。

25　Cf. Jacques Aumont, *L'Image*, Paris, Nathan, coll. « Nathan Cinéma », 1990, 2e édition, 2000, pp. 204-207 ; ou Entrée « Cinéplastique », in Jacques Aumont, Michel Marie, *Dictionnaire théorique et critique du cinéma*, Armand Colin, 2e édition revue et augmentée, 2008, pp. 48-49.

26　カトリーヌ・マラブー『ヘーゲルの未来――可塑性・時間性・弁証法』、西山雄二訳、未來社、二〇〇五年。

27　Catherine Malabou (dir.), *Plasticité*, Paris, Léo Scheer, 2000. マラブーによる序文には邦訳がある。カトリーヌ・マラブー「可塑性《プラスティシテ》への願い」、桑田光平訳、『現代思想』第三三巻八号、二〇〇五年七月、「特集＝イメージ発生の科学」、一三八－一五三頁。

28 カトリーヌ・マラブー『わたしたちの脳をどうするか——ニューロサイエンスとグローバル資本主義』、桑田光平、増田文一朗訳、春秋社、二〇〇五年。同『新たなる傷つきし者——フロイトから神経学へ、現代の心的外傷を考える』、平野徹訳、河出書房新社、二〇一六年。

29 Catherine Malabou, *Le Change Heidegger. Du fantastique en philosophie*, Paris, Léo Scheer, 2004, p. 132.

30 Cf. Catherine Malabou, *La Plasticité au soir de l'écriture. Dialectique, destruction, déconstruction*, Paris, Léo Scheer, 2005.

31 Baldine Saint-Girons, « Plasticité et Paragone », in *Plasticité*, *op. cit.*, pp. 33-34.

32 戦後から現在にいたるフランスでの映画研究史は、以下の文献が簡略ながら参考になる。むろん、客観的な記述が心掛けられているとはいえ、著者のミシェル・マリーが長らくパリ第三大学で映画史を講じた当事者である点を考慮して読むべきである。Michel Marie, « 1969 vs 2014 : 45 ans d'enseignement du cinéma et de l'audiovisuel sur trois générations », *Mise au point. Cahiers de l'Association française des enseignants chercheurs en cinéma et audiovisuel* [En ligne], n° 7, 2015. URL : http://map.revues.org/1997（最終閲覧二〇一七年二月十三日）

33 Gilles Deleuze, *Francis Bacon. Logique de la sensation*, 1981, Paris, Seuil, 2002, p. 12sq.「Figure」に対し、新訳版『フランシス・ベーコン　感覚の論理学』（宇野邦一訳、河出書房新社、二〇一六年）では「図像」との訳

語が与えられているが、本文との統一を図るため、ここではやむなく「形象」と訳すことにした。

34 Jacques Aumont, *À quoi pensent les films*, Paris, Nouvelles Éditions Séguier, 1996. Nicole Brenez, *De la Figure en général et du corps en particulier. L'invention figurative au cinéma*, Paris, Bruxelles, De Boeck Université, coll. « Arts & Cinéma », 1998.

35 Philippe Dubois, « La question du Figural », in Pierre Taminiaux, Claude Murcia (dir.), *Cinéma, Art(s) plastique(s)*, Paris, L'Harmattan, 2004, pp. 51-76.

36 *Ibid.*, p. 65.

37 Jean-François Lyotard, *Discous, Figure*, Paris, Klincksieck, 1971, p. 271.（ジャン＝フランソワ・リオタール『言説、形象（ディスクール、フィギュール）』、合田正人、三浦直希訳、法政大学出版局、二〇一一年、四〇九頁）。

38 Philippe Dubois, « La question des Figures à travers les champs du savoir : Le savoir de la lexicologie : note sur *Figura* d'Erich Auerbach », in François Aubral, Dominique Chateau (dir.), *Figure, figural*, Paris, L'Harmattan, coll. « L'Ouverture philosophique », 1999, pp. 11-24. ニコル・ブルネーズは『総じて形象について、とりわけ身体について』の参考文献に、近刊の書物として、フィリップ・デュボワの『形象の詩学のために（*Pour une poétique des Figures*）』を挙げている。「フィリップ・デュボワは〈形象〉という語の歴史的用法の総体を調査し、一望に収める。アリストレスから現在活躍する美術史家にいたるまで、この語の用法を数え上げている。修辞学から写真と映画にいたるまで、この語が適用された領域すべてが対象である」(Nicole Brenez, *De la Figure en général et du corps en particulier, op. cit.*, p. 446)。

39 Bertrand Gervais, Audrey Lemieux (dir.), *Perspectives croisées sur la Figure. À la rencontre du lisible et du visible*, Presses de l'Université du Québec, coll. « Approches de l'imaginaire », 2012.

40 Philippe Dubois, « La question du Figural », *art. cit.*, pp. 51-76.

41 Élie Faure, *L'Esprit des formes*, 1927, in *Œuvres complètes*, tome II, Paris, Jean-Jacques Pauvert, 1964. pp. 392-395.（『形態の精神Ⅱ』、前掲書、七七–八二頁）。

42 ちなみにゴダールは、一九七八年にモントリオールで行われた連続講義で、フォールとマルローの名を挙げている（ジャン＝リュック・ゴダール『映画史（全）』、奥村昭夫訳、ちくま学芸文庫、二〇一二年［原著、一九八〇年］、特に「第三の旅」二二一–二五九頁、を参照）。『（複数の）映画史』が時間と空間を自由に横断して美術史を経巡ってみせた『形態の精神』や、アンドレ・マルローの『想像の美術館』（一九四七年）から着想を汲んだとされるのは、それゆえである。また、『（複数の）映画史』に見られるフォールとマルローの影響に関しては、以下の考察が参考になる。Michael Temple, "Big Rythme and the Power of Metamorphosis: Some models and precursors for *Histoire (s) du cinéma*", in Michael Temple, James S. Williams (eds.), *The Cinema Alone. Essays on the Work of Jean-Luc Godard. 1985-2000*, Amsterdam, Amsterdam University Press, 2000, pp. 77-98.

43 引用されるのは以下の箇所からである。Élie Faure, *L'Art moderne*, 1921, in *Œuvres complètes*, tome II, *op. cit.*, pp. 46-50.（『近代美術Ⅰ』、前掲書、八四–九三頁）。

44　引用されるのは以下の箇所からである。*Ibid.*, p. 74 sqq.（『近代美術I』、前掲書、一四一頁以降）。

45　この点に関しては、以下の文献による注釈が参考になる。Jacques Aumont, *L'Œil interminable*, Paris, Éditions de la Différence, édition revue et augmentée, 2007, p. 292 sqq.

46　Élie Faure, *L'Esprit des formes*, *op. cit.*, p. 259.（『形態の精神II』、前掲書、二〇頁）。

47　*Ibid.*, p. 257.（同前、一六頁）。

48　*Ibid.*, p. 259.（同前、二〇頁）。

49　*Ibid.*, pp. 258-259.（同前、同頁）。

50　*Ibid.*（同前、同頁）。

シネプラスティックとその彼方──訳者後記にかえて

謝辞

訳稿の作成および後記の執筆にあたり、多くの方々のお世話になった。特に、文献や資料の複写の面で協力してくれたパリ在住の茂木恵介氏、後記を閲読してくれた角井誠氏、校正や索引作成を手伝ってくれた月永理絵氏、ソリレス書店の三橋輝氏、デザインを担当された須山悠里氏の五名に記して感謝申し上げたい。

索引

人名

あ行

か行

さ行

た行

索引

ま行

や行

ら行

索引

わ行

映画作品

作品名	監督名／製作年	
アタラント号	ジャン・ヴィゴ／1934	186-191
暗黒街	ジョセフ・フォン・スタンバーグ／1927	114
犬の生活	チャーリー・チャップリン／1918	157
海の黄金	ジャン・エプシュタイン／1932	239
汚名	アルフレッド・ヒッチコック／1946	250
海外特派員	アルフレッド・ヒッチコック／1940	250
カリガリ博士	ロベルト・ヴィーネ／1919	36
ギース公の暗殺	アンドレ・カルメット／1908	237
奇傑ゾロ	フレッド・ニブロ／1920	91, 114
気狂いピエロ	ジャン＝リュック・ゴダール／1965	254
キッド	チャーリー・チャップリン／1921	104, 157
サニーサイド	チャーリー・チャップリン／1919	24
除夜の悲劇	ルプ・ピック／1924	124
新学期・操行ゼロ	ジャン・ヴィゴ／1933	187
西部戦線1918年	G・W・パプスト／1930	183
全線　古きものと新しきもの	S・M・エイゼンシュテイン／1929	175, 179
断崖	アルフレッド・ヒッチコック／1941	250
チャップリンの番頭	チャーリー・チャップリン／1916	197
テンペスト	ジャン・エプシュタイン／1947	240
ナポレオン	アベル・ガンス／1927	158-161, 163, 165
ニースについて	ジャン・ヴィゴ／1930	187
ハレルヤ	キング・ヴィダー／1929	122
フィニス・テラエ	ジャン・エプシュタイン／1928	239
(複数の)映画史	ジャン＝リュック・ゴダール／1988-98	250, 254, 267
不実な山	ジャン・エプシュタイン／1923	239
マリウス	アレクサンドル・コルダ／1931	107
メキシコ万歳	S・M・エイゼンシュテイン／1931(1979)	181
モルヴラン	ジャン・エプシュタイン／1930	239

著者略歴

エリー・フォール　Élie Faure, 1873–1937.
フランスの評論家・美術史家。南西部サント＝フォワ＝ラ＝グランドに生まれる。高校進学にともないパリに上京し、アンリ４世高校に通う。ルーヴル美術館を足繁く訪れ、教師アンリ・ベルクソンの薫陶を受けた高校時代は、その後の人生を決定づけた。医学の道に進み、１８９９年に医学博士号を取得するも、１９０２年ごろより並行して美術批評の執筆を始める。１９０３年から１９０８年まで民衆大学〈ラ・フラテルネル〉で美術史を講じ、１９０９年、『美術史』第１巻となる『古代美術』を刊行。『美術史』はその後『中世美術』（１９１２）、『ルネサンス美術』（１９１４）、『近代美術』（１９２１）と続き、全４巻を数える。また、生物学者ジャン＝バティスト・ラマルクや社会学者オーギュスト・コントの方法論を参考にしつつ、自らの「美術史」の総決算として『形態の精神』（１９２７）を書き上げた。生涯を通じて多くの著作を発表し、狭義の美術にかぎらぬ様々な領域を論じた。邦訳で読めるものに『美術史』（全７巻、星埜守之ほか訳、国書刊行会、２００２-２０１０）、『約束の地を見つめて』（古田幸男訳、法政大学出版局、１９７３）がある。

編訳者

須藤健太郎（すどう・けんたろう）
１９８０年生まれ。パリ第３大学大学院博士課程修了。博士（映画学）。現在、明治学院大学ほかにて非常勤講師を務める。訳書に、ニコル・ブルネーズ『映画の前衛とは何か』（現代思潮新社、２０１２）、國分功一郎監修『ジル・ドゥルーズの「アベセデール」』（共訳、KADOKAWA、ＤＶＤ＋ブックレット、２０１５）などがある。

エリー・フォール映画論集 1920–1937

２０１８年２月25日　初版第一刷発行

著者　エリー・フォール
編訳者　須藤健太郎
発行者　天野純一
編集　三橋輝
ブックデザイン　須山悠里
カバー写真　豊田晃佳

発行　ソリレス書店
〒113-0001 東京都文京区白山 1-33-23-1102
TEL:03-3546-8743　FAX:03-6869-9401
info@sot-ly-laisse.net

印刷・製本　山猫印刷所

ISBN978-4-908435-09-6 C3074 Printed in Japan